AF471434

L'ABVS DESCOVVERT EN LA CENSVRE

PRETENDVE DES TEXTES de l'Escriture saincte, & des Propositions de Theologie tirées par vn Censeur Anonyme, de la Somme Theologique du P. FRANÇOIS GARASSVS de la Compagnie de IESVS.

A PARIS,

M. DC. [illegible]XVI.

L'ABVS DESCOVVERT

EN LA CENSVRE PRETENDVE des Textes de l'Escriture saincte, & des Propositions de Theologie tirées par vn Censeur Anonyme, de la Somme Theologique du P. François Garassus de la Compagnie de IESVS.

CHAPITRE PREMIER.

Textes de l'Escriture saincte accusez mal à propos de corruption.

CET Autheur qui prend toutes mes paroles au criminel, & qui rend toutes mes virgules coupables d'heresie, commet, ce me semble, quatre fautes signalées en l'examẽ de mes Propositiõs.

La premiere contre la prudence, en ce qu'il n'a ſceu prendre garde, qu'eſcriuant la Theologie en noſtre langue, on eſt contraint, pour ſe rendre populaire, d'expliquer les matieres Theologiques *more concionatorio*, & ſe departir quelques fois auec honneur des rigueurs de l'Eſchole, car c'eſt ainſi qu'ont fait les Peres qui ont traicté la Theologie en leur langue maternelle, & pour l'inſtruction du peuple. La ſeconde contre le courage, en ce qu'il a ſceu choiſir ſon temps & me prendre au milieu de mes occupations de Quareſme, eſperant par ce moyen me rendre criminel par mon ſilence. La troiſieſme contre la pieté, en ce que luy qui fait ſi fort du zelé abuſe mal à propos du ſacré temps de la ſaincte Quarantaine, rongeant ſon eſprit par des cauillations enuieuſes, & eſgratignant mes paroles auec vn eſprit venimeux, au lieu de ſe diſpoſer au gaing des Indulgences generales que l'Egliſe nous propoſe. La quatrieſme contre la verité, corrompant & deſguiſant mes paroles pour leur donner vne pente fauorable à ſes deſſeins, qui ſont, comme il declare en pluſieurs endroits, de m'impoſer ſilence, & m'interdire s'il pouuoit, l'vsage de la plume & de la voix, ne pouuant pas m'empescher celuy de la respiration & de la vie.

Ie suis obligé de descouurir ses impostures pour mettre à couuert l'honneur de mon ministere, lequel il attaque directement sous pretexte de zele: ie le feray briefuement & sans passion : *Homines enim sumus, & occupati officijs, subcisiuisque temporibus ista curamus, id est nocturnis, ne quid publicis putetur cessatū horis : dies publico impendimus : cum somno valetudinem computamus; vel hoc solo præmio contenti; quod dum ista musinamur, pluribus horis viuimus :* car ie puis parler au public en mesmes termes, que Pline parla iadis à Vespasian son maistre.

I'eusse bien desiré que le Censeur Anonyme, qui ne s'est iamais voulu descouurir, ny dans la Sorbonne, ny à ceux qui le pouuoient interroger iuridiquement, m'eust voulu dispenser de cette couruée, en vne saison si saincte, à laquelle ie ne puis dérober vne minutte sans quelque espece d'iniustice, il pouuoit employer son zele en la refutation des fautes de Charron, qui sont bien d'autre nature que les miennes pretenduës, mais puis qu'il luy plaist prendre sa place dans le cāp des ennemis de Dieu, pour combattre ses pauures seruiteurs, il faut que ie prenne patience, & que i'impute sa resolution à la prouidence diuine, qui me fait l'honneur d'exercer mon courage de tous costez.

Il promet, à ce qu'on m'a dit, quatre Tomes de mes fautes, mais ce sera auec mesme effect que la promesse des Ministres de Zurich & de Magdeburg, qui ont fait imprimer aux foires de Francfort il y a plus de vingt ans, vn fueillet, qui porte pour tiltre, *Viginti errorum millia in Baronianis Annalibus notata*: Leur esprit grossier & massif est de la nature des Elephans, il enfante bien tard pour vne si belle promesse. On verra que les beaux desseins promis par le libelle qui s'appelle Antigarasse, se reduisent à quatre fueillets de parangon, & que ces quatre TOMES degenereront en quatre ATOMES ridicules de Democrite.

Premiere Proposition. page 530.

Isaac fut circoncis le huictiesme iour le premier de tous les hommes, car c'est en sa personne que la Circoncision commença : Iesus-Christ fut Circoncis le huictiesme iour, & c'est en sa personne que la Circoncision se termina.

Censure.

Le Censeur m'accuse d'auoir en ces paroles corrompu deux fois l'Escriture saincte. 1. En ce que ie dis que Isaac fut circoncis le premier de tous les hommes, dautant que Abraham & Ismaël furent circoncis deuant luy. 2. En ce que ie dis que la Circoncision se termina par la Circoncision de Iesus-Christ, laquelle neantmoins dura plus de trente ans apres Iesus-Christ, puis que S. Paul circoncit Timothée Act. 16.

Response.

Mes paroles ne disent rien moins que ce que le Censeur s'est imaginé, car ie ne dis pas absolument que Isaac fut circoncis le premier de tous les hommes : mais que le premier de tous les hommes, il fut circoncis LE HVICTIESME IOVR, en quoy ie pose la comparaison auec Iesus-Christ, car Abraham fut circoncis à l'aage de pres de cent ans, & Ismaël à l'aage de treize ans ; mais Isaac le huictiesme iour, Genes. 17. verset 12.

Infans OCTODIERVM *circumcidetur in vobis*. Et c'est en la personne d'Isaac que ceste Circoncision legale du huictiesme iour commença, comme elle finit en Iesus-Christ.

Ce qu'il adiouste qu'elle dura encores apres Iesus-Christ plus de trente ans, il est vray, mais ce fut par tolerance, comme il se void au chapitre 15. & 16. des Actes, où S. Luc qualifie cette souffrance de la Circoncision. *Hæresim Pharisæorum*, contre laquelle sainct Pierre & S. Iacques prescherent fortement : pour le faict de sainct Paul qui circoncit Timothée. S. Luc dit nommément qu'il le fit *propter Iudæos*, par conniuence, ayant à demeurer parmy les Iuifs.

Ie dis doncque, que la Circoncision se termina en la personne de Iesus-Christ, *de iure*, *si non de facto* : car deuant la Circoncision de Iesus-Christ, elle fut viuante; apres, elle fut morte, & maintenant elle est mortelle.

Seconde Proposition. page 14.

Les grands Saincts, & les grands Seruiteurs de Dieu ont suiet de se plaindre auec l'Apostre, de ce que resistans au diable, la partie n'eſt pas egale, d'autant qu'ils combattent vn ennemy inuiſible, & prennent les armes contre la ſpiritualité des vices, comme dit l'Apoſtre aux Epheſiens 6.

Cenſure.

Il me reprend d'auoir mal entendu ou d'auoir falſifié l'Eſcriture en cette inegalité de partie; d'autant, dit-il, *que nous ne combations pas le diable à coups d'eſpée, & que noſtre eſprit qui reſiſte à Sathan, eſt auſſi inuiſible que luy, & que nous ſommes aſſiſtez de la grace de Ieſus-Chriſt, qui eſt plus forte que Sathan.*

Reſponſe.

Ie dis que la partie eſt inégale: Premierement, en ce que le diable eſt plus fort que nous, conſideré en ſa nature. Secondement, en ce qu'il eſt plus experimenté que nous. Tiercement, en ce qu'il eſt inuiſible, & que nous qui reſiſtons à ſes tentations, *non ſolùm ſpiritu, ſed etiam corpore*, ſommes viſibles, maſſifs, & terreſtres: Que ſi nous ſurmontons par la grace; *Non ego, ſed gratia Dei mecum.* Tous les diſcours qu'il fait touchant l'aſſiſtance de la grace, ſeroient bons en chaire: mais icy c'est vne piece mal-cousuë, qui ressent le style declamatoire.

Troisiesme Proposition. page 6.

Clocher hors du bon chemin, il n'appartient qu'à Miphiboseth, & à Thersite, qui ont esté tous deux aussi lasches soldats, que mauuais Philosophes.

Censure.

Il m'accuse d'auoir pris ce narré du liure de mes contes, & de parler mal à propos contre Miphiboseth, qui ne clocha iamais, dit-il, *hors du bon chemin, & fut bon Philosophe, & braue soldat, comme il se tire du second liure des Roys, chap. 19.*

Responſe.

Mon liure de contes, d'où i'ay tiré ce que ie dis touchant Miphiboseth, est la Bible: car il est dit au chap. 16. du second des Roys, que Miphiboseth se banda directement contre Dauid, & qu'il demeura dans Ierusalem, disant à Siba, qu'il esperoit de recouurer le Royaume de son pere Saul; dequoy par apres il tascha de se purger en presence de Dauid, venant au deuant de luy tout ſale & poudreux, faiſant du piteux, & rejettant ſa faute laſchement ſur Siba, & s'excuſant de n'auoir ſuiuy Dauid, à cauſe qu'il eſtoit boiteux. En tout ce diſcours il monſtra qu'il eſtoit laſche ſoldat, mauuais Philoſophe, & qu'il clocha hors du bon chemin.

Quatrieſme Propoſition. page 24.

Il faut bien eſtre aueugle pour ne voir ce que les taupes voyent en plein midy dans leurs cauernes: qu'il y a vn Dieu, que le monde eſt gouuerné par prouidence, que nous ſommes des arbres renuerſez, &c. puiſque les aueugles s'apperçoiuent de cette verité, teſmoin celuy qui diſoit en S. Marc 8. Ie voy les hommes qui marchent comme des arbres.

Cenſure.

Il m'accuſe d'impertinence en ce que ie dis que les taupes voyent dans leurs cauernes, qu'il y a vn Dieu, & me menace d'vn ſecond Tome: quant à l'aueugle de S. Marc, il m'accuſe d'auoir corrompu l'Eſcriture, d'autant que ce n'eſt pas, dit il, *ce que vouloit dire cet aueugle, mais seulement qu'il voyoit confusement les choses.*

Response.

Pource qui touche les taupes, ie luy respondray, quand il aura fait son second Tome, & dis par auance que les taupes dans leurs cauernes, cognoissent par vn instinct general comme toutes les autres creatures, qu'il y a vne diuinité au mõde, en quoy ie ne puis voir aucune impertinence, si Dauid & les trois enfans de la Fournaise, n'ont commis vne impertinence inuitans les dragons & les rochers à loüer la diuinité. Quant à l'aueugle de S. Marc, les paroles sont claires, & dire simplement que tel n'estoit pas le sens de cet aueugle, ie dis que c'est discourir au hazard & à l'aueugle.

Cinquiesme Proposition. page 29.

En le mesprisant, nous disons auec Dauid, Ie le fouleray comme la fange des ruës.

Censure.

Il me reprend de falsification, d'autant

dit-il, *que le Latin porte*, delebo, *& l'Hebrieu*, euacuabo, *le les espuiseray; & que ie substitue mes paroles au lieu de celles de Dauid.*

Response.

Ie traduis auec sainct Hierosme, *Vt lutum platearum comminuam eos, atque confringam.* Les Paraphrases Arabique & Chaldaïque portent, *Calcabo eos vt lutum viarum*, & tel est le sens des paroles de Dauid.

Sixiesme Proposition. page 32.

Ils traduisent toutes choses en luxure & vilainie.

Censure.

Il m'accuse d'auoir corrompu le passage de sainct Iude, qui porte: Dei nostri GRATIAM transferentes in luxuriam.

Response.

Le Censeur vse de preuarication à son ordinaire, car il retrenche mes paroles qui sont telles : Qui traduisent toutes choses SAINCTES en luxure.

Septiesme Proposition. page 36.

Quand les habitans de Thamnata

ſceurent que Samſon donneroit à chacun de ceux qui deuineroient ſon Enigme, vne nappe, & vne robbe; il trouua cinquante deuineurs.

Cenſure.

Il m'accuſe premierement de ce que i'ay traduit ſindonem, *vne nappe ; & vouloit que ie tournaſſe , vn ſindon , & que dans Iſaie chap. 3. il eſt dit*, Acus, ſpecula, & ſindones, &c. *Secondement, de ce que i'ay dit qu'il trouua cinquante deuineurs, où c'eſt que l'Eſcriture n'en quotte que trente.*

Reſponſe.

Pour la traduction du mot *Sindon*, ie dis qu'il ne ſe peut pas tourner vn *Sindon*, ou vn linge, tel que le Cenſeur s'eſt imaginé, car parlant à des hommes, il ne leur euſt pas promis des linges de femme, tels que ſont ceux qui ſont deſcrits dans le paſſage d'Iſaye rapporté par le Cenſeur, & ie ne voy pas pourquoy il ne ſe puiſſe auſſi bien traduire vne nappe, que toute autre ſorte de linge.

Quant au nombre des cinquante deuineurs, il eſt euident par le texte des Iuges chapitre 14. qu'arriuãt à Thamnata, les habitans s'aſſemblerent autour de luy en grand nombre, & luy donnerent vne trentaine de compagnons pour viure auec luy, auſquels de vray il propoſa ſon Enigme, mais quand ie dis qu'il trouua vne cinquantaine de deuineurs, i'entends vn grand nombre, d'autant que les habitans de la ville s'aſſemblerent autour de luy à troupes, & outre les trente deuineurs, l'Eſcriture dit nommément que ſa femme fut de la partie.

Huictieſme Propoſition. page 85.

Ie fais comme S. Paul au chapitre 25. des Actes, car eſtant greué de la ſentence de Feſtus, il dit, i'en appelle à Ceſar.

Cenſure.

Il me reprend d'auoir imposé à l'Eſcriture, en ce qu'il n'y eut, à ſon dire, aucun grief, duquel l'Apoſtre deuſt appeller de Feſtus.

Reſponſe.

Le texte de l'Eſcriture eſt formel, car il eſt dit au 25. des Actes verſet 10. *Ad Tribunal Cæſaris ſto, ibi oportet me iudicari,*

& au verset 12. *Tunc Festus cum Concilio locutus, respondit, Cæsarem appellasti, ad Cæsarem ibis.*

Neufiesme Proposition. page 314.

Trop de bonté degenere en stupidité, dit le Sage, gardez vous d'estre trop bon ou trop IVSTE, de peur de deuenir sot.

Censure.

Il m'impose d'auoir corrompu ce passage en deux choses. 1. *En ce que i'ay traduit* Trop, *au lieu de* Beaucoup. 2. *De ce que i'ay tourné* Bon, *au lieu de* Iuste.

Response.

Premierement, Si la passion n'eust esblouy les yeux du Censeur, il eust veu dans les propres paroles qu'il rapporte de moy, que i'ay mis l'vn & l'autre: car i'ay traduit, Gardez-vous d'estre Trop Bon, ou Trop Ivste. Secondement, le mot de *Multùm*, ie l'ay traduit *Trop*; pource que c'est sa vraye signification en cét endroit, comme plus bas au mesme chapitre de l Ecclesiastique, verset suiuant, *Ne impiè agas Multùm*. Et dans les Nombres, chap. 16. Moyse parlant à Coré, Dathan,

Dathan, & Abiron, leur dit: *Multùm erigimini, filij Leui*, c'eſt à dire, Trop, comme ſouuent le mot de *Nimis*, ſignifie Beaucoup. Eſther chap. 7. *Pulchra nimis & decora*. Et en la Geneſe 24. *Rebecca puella decora nimis.*

Dixieſme Propoſition. page 482.

La beauté des champs eſt DANS moymeſme.

Cenſure.

Il m'accuſe d'auoir corrompu l'Eſcriture, en ce qu'il falloit tourner, AVEC *moy.*

Reſponſe.

Tel eſt le ſens de Dauid; La beauté ne peut eſtre auec Dieu, qu'elle ne ſoit en Dieu. Tel eſt l'vſage de l'Eſcriture, Prouerb. 8. *Mecum ſunt diuitiæ & opes*. Les Septante traduiſent, *Diuitiæ & gloria mihi eſt.*

Onzieſme Propoſition. page 521.

Iuſques à la venuë de celuy, auquel Toutes choſes ſont miſes en reſerue.

Cenſure.

Il m'accuſe d'auoir falſifié le texte des Se-

ptante, d'autant qu'il y a, dit-il, donec veniat cui repositum est: *Ce qui s'entend du sceptre de Dauid à son dire.*

Response.

C'est plustost le Censeur qui corrompt le texte des Septante: car il y a clairement, ἕως ἔλθῃ τὰ ἀπόκειμενα αὐτῷ, *donec veniat, cui Reposita sunt.* C'est ainsi que lisent S. Augustin 12. *contra Faustum, cap.* 42. *Cyrillus in Glaphyris*, & plusieurs autres Peres. Et ces choses qui ont esté mises en reserue pour Iesus-Christ, ne sont autres que toutes les graces, toutes les benedictions, & toutes les creatures. Tout ce qu'il adiouste, me comparant auec Luther & Caluin, n'est que la marque de ses mauuaises intentions.

Douziesme Proposition. page 774.

Celuy-là ayme plus, qui donne plus.

Censure.

Il m'accuse d'avoir corrompu l'Escriture, en ce que ie tourne les paroles au rebours.

Response.

Icy paroist nommément la malignité

du Censeur, qui ne prend que la moitié de ma proposition; car i'adiouste: Et qui plus reçoit, plus il est obligé d'aymer. Par lesquelles paroles ie monstre euidemment que ie ne cite pas les termes de l'Escriture, mais seulement le sens, rapportant comme la substance de toute l'histoire.

Treziesme Proposition. page 840.

Benjamin fut laissé en Egypte pour les gages.

Censure.

Il m'accuse de corruption, disant que ce fut Simeon qui fut laissé en Egypte pour les gages, au chap. 42.

Response.

L'vn & l'autre y fut laissé comme il paroist par le texte du chap. 44. vers. 17.

Quatorziesme Proposition. page 842.

Tout le liure de la Sapience n'est qu'vne continuelle allegorie des vertus de Iesus Christ, sous la personne d'Henoch.

Censure & Response.

Il s'imagine que i'ay dit, que toutes les paroles de la Sapience se doiuent entendre d'Henoch, à quoy ie n'ay pas pensé: c'est assez que le

Sage en parle en quelques endroits remarquables, comme il fait en tout le chapitre 4. & en plusieurs endroits écartez de son liure.

Quinziesme Proposition. page 891.

Nous sommes, comme dit Sophonie, *Gens absque desiderio.*

Censure.

Il m'accuse d'auoir imposé à Sophonie, car il estime que ces paroles ne se trouuent ny dans Sophonie, ny dans toute la Bible.

Response.

Dans Sophonie chap. 2. vers. 1. *Congregamini gens non amabilis* : les Septante *Gens inerudita.* Les Hebrieux au rapport de Drusus en ses Commentaires sur Sophonie. *Gens vacua desiderio*, ce qu'il explique *passiuè & actiuè*, c'est à dire. *Gens non desiderabilis & gens nihil desiderans.*

Seiziesme Proposition. page 67.

Souuent les discours de Salomon en la Sapience, sont embroüillez en apparence, & semble qu'il parle en la personne des bons, au lieu que ce sont les discours des Atheistes.

Censure.

Il estime que ie me suis abusé prenant la Sapience pour l'Ecclesiaste.

Responſe.

Il n'y a perſonne qui ne ſçache que l'Eccleſiaſte, l'Eccleſiaſtique & la Sapience ſont cõpris ſous le meſme nom de la Sapience, & par conſequent ie ne m'abuſe point, quand ie cite l'Eccleſiaſte ſous le nom de la Sapience. En outre il eſt certain qu'en la Sapience ſouuẽt il eſcheoit qu'on ne peut diſcerner ſi ce ſont les iuſtes ou les meſchans qui parlent, comme en tout le chap, 2. & en vne partie du 3.

Dix-ſeptieſme Propoſition. page 29.

Dieu peut dire la parole qu'il fit dire jadis à Helie par Samuel, ceux qui me meſpriſeront, ſeront declarez roturiers, degradez d'honneur, & meſpriſez par tout le monde comme de vieilles reſtes de baſteleurs.

Cenſure.

Il m'accuſe nõmément de deux choſes. 1. *D'auoir pris Samuel pour vn Prophete Anonyme, auquel la parole fut addreſſée.* 2. *D'auoir rendu l'Eſcriture ridicule par mon interpretation digne*, dit-il, *d'vn baſteleur.*

Reſponſe.

Le texte de l'Eſcriture au chap. 2. verſet 26. & 27. dit nommément. *Puer Samuel proficiebat atq; creſcebat & placebat, tam domino, quam hominibus, venit autem vir Dei & ait ad eum, &c.* En ce lieu il eſt difficile de iuger, ſi c'eſt Samuel luy-meſme ou quelque autre qui fuſt enuoyé vers Hely, i'ay penſé que ce fuſt Samuel meſme, autres peuuent iuger le contraire, ſans danger de part ny d'autre. Quant à ma traductiō, il faut auoir égard que ie parle des Atheïſtes bouſons & tirez des Theatres, i'ay paraphraſé l'Eſcriture, comme ſouuent il a eſté fait par les Peres, & nouuellement par tous les Interpretes, Sanctius, Alcazar, Pineda : & par du Vair en François ſur le Prophete Iob, & ſur les Lamentations de Ieremie.

Dix-huictieſme Propoſition. page 35.

La gloire eſt en leur confuſion, dit l'Apoſtre. C'eſt vne metatheſe dont il vſe, comme quand il dit de Iezabel, qu'elle mit ſes yeux dans le fard.

Cenſure.

Il me reprend d'auoir corrompu l'Eſcriture, d'autant que iamais S. Paul ne parla de Iezabel.

Reſponſe.

Il pouuoit bien reconnoiſtre que c'eſt vne faute de l'Imprimeur qui a fait dire à S. Paul ce qu'il ne dit iamais, car il faut lire, *comme quand* I L E S T *dit de Iezabel*, *&c.* C'est au quatriesme des Roys chap. 9. ver. 30. Ie ne l'ay pas cité neantmoins, pource que c'est vne transposition des Hebrieux, qui lisent *posuit oculos suos in fuco*, au lieu que vulgairement on lit, *posuit fucum in oculis suis*, ou bien *depinxit stibio oculos suos.*

Vingtiesme Proposition. page 35.

S. Iude par les Estoiles errantes entend ces exhalaisons enflammées que nous appellons les feux S. Helme.

Censure & Responsе.

Il fait vn long discours pour monstrer que sidera errantia *sont les planetes, chose que ie ne niay iamais, ie dis seulement que par ces paroles* sidera errantia, *l'Apostre entend non pas les planettes, mais* ignes fatuos, *qui s'appellent aussi* ignes *ou* stellæ errantes, *Manile les nomme au premier liure* errantes nutu flammas, & flammas futiles, *car quelle apparence y a-t'il que S. Iude compare les Atheistes au Soleil, qui est l'vn des planettes, veu qu'ils ressemblent mieux les feux S. Helme que les vrayes planettes.*

Vingt-vniesme Proposition.

Ces paroles de S. Philippes à Iesus-Christ : Nostre Maistre monstrez-nous vostre Père, & il nous suffit.

Censure.

Il m'accuse de corrompre l'Escriture, & de faire parler S. Philippe sans respect, car, dit-il, *il parloit auec plus d'honneur & submission, disant, Seigneur, non pas, Nostre Maistre.* Domine, *non pas* Magister.

Responce.

Ie dis premierement, que le mot *Dominus*, se peut traduire aussi bien Maistre, que Seigneur. Secondement, quād sainct Philippes eust vsé du mot de *Magister*, il n'eust rien fait contre l'honneur qu'il deuoit à Iesus-Christ : car S. Iean en sainct Marc 9. ver. 38. dit bien à Iesus-Christ, *Magister, vidimus quendam in nomine tuo dæmonia eijcientem* ; & si ne fut point repris de Iesus-Christ, comme le Censeur s'imagine que sainct Philippes eust esté repris, s'il l'eust appellé Maistre.

Vingt-deuxiesme Propos. page 82.

Il y a vne religieuse ignorance de la Diuinité, comme celle de sainct Paul, d'Ezechiel, de Moyse, qui se reputoit pour vn enfant begayant ; & de S. Iean, qui se iettoit à terre à l'esclat de la Majesté diuine.

Censure.

Il m'accuse de biaiser l'Escriture, d'autant que ce begayement de Moyse ne peut estre imputé à ignorance, nonplus que la cheute de sainct Iean: autrement il faudroit que Iacob adorant son frere Esaü, & Tobie quand il tomba par terre, ignorassent la Diuinité.

Response.

Ie dis que Moyse protestoit par ce begayement son ignorance, non pas pour cognoistre, mais pour parler de la Diuinité; & sainct Iean tout de mesme par sa cheute protesta son estonnement: *Cecidi ad pedes eius quasi mortuus*, *Apoc.* 1. qui est vne religieuse ignorance, & vne espece d'adoration.

Vingt-troisiesme Propos. page 87.

Ces esprits philosophiques, & ces anciens Atheistes, lesquels ayans cogneu Dieu, ne l'ont pas adoré comme Dieu, dit le grand Apostre, *Rom.* 1.

Censure.

Il m'accuse de faire tort à ces anciens Philosophes, les qualifiant du nom d'Atheistes; veu que sainct Paul dit clairement qu'ils ont cogneu Dieu.

Response.

Ie dis qu'ils sont Atheistes, en prenant

le mot en toute ſon eſtenduë, pource que ils ſont de ceux deſquels parloit le meſme Apoſtre *ad Titum* 1. *Confitentur ſe noſſe Deum, factis autem negant.*

Vingt-quatrieſme Propoſ. page 291.

Le peché des Anges, pour lequel ils ſont damnez, eſtant conſideré en ſoy-meſme, eſt l'homicide de Ieſus-Chriſt, *Ioan.* 8.

Cenſure.

Il m'accuſe d'auoir falſifié l'Eſcriture, d'autant que ſainct Iean en ce chapitre ne parle ny de prés, ny de loing de Ieſus-Chriſt, & qu'il parle de la mort du premier homme.

Reſponſe.

Aſſeurément ou le Cenſeur eſt aueuglé de paſſion, ou il n'a pas leu le Chap. 8. de ſainct Iean : car preſque tout le Chapitre eſt employé au narré des deſſeins que les Iuifs auoient de tuer Ieſus-Chriſt, lequel à ce propos leur dit : *Vos ex patre diabolo eſtis, & deſideria patris veſtri vultis facere; ille homicida erat ab initio.* Et ſi le diable a voulu tuer le premier homme, c'eſtoit principalement pour eſtouffer Ieſus-Chriſt en ſa ſource.

Vingt-cinquieſme Propoſ. page 385.

Par la volonté du Createur, qui faict

toutes choſes par l'Arreſt, ou, comme dit l'Apoſtre, par le Sacrement de ſa volonté.

Cenſure.

Il me reprend d'auoir corrompu l'Eſcriture, pource que c'eſt, dit-il, *vn autre paſſage de l'Apoſtre, où le mot de Sacrement eſt nommé.*

Reſponſe.

Il ſe trompe: car c'eſt au meſme Chapitre premier aux Epheſiens, verſet 9. & 11. Et ie fais en cét endroit cõme font ſouuent les Peres, qui aſſemblent deux paſſages en vn, quand nommément ils ſont & fort proches, & fort conformes, comme ceux-cy.

Vingt-ſixieſme Propoſ. page 466.

Si nous ne le trouuons (le Myſtere de la Trinité) nous n'auons aucune excuſe, & par l'Arreſt du grand Apoſtre nous ſommes inexcuſables.

Cenſure.

Il m'accuſe que ie fais comme les Caluiniſtes, & comme les mauuais plaideurs, qui alleguent des Arreſts à contre-ſens, ou de mauuaiſe foy: pource que l'Apoſtre n'a pas parlé de la Trinité, mais de la Diuinité.

Reſponſe.

Ie ne cite pas les paroles, mais le ſens

de l'Apostre; & dis que l'Arrest qu'il a prononcé contre les Payens sur l'ignorance de la Diuinité, condãne les Chrestiens au fait de la Trinité, pource que nous n'auons aucune excuse, si nous ne la cognoissons.

Vingt-septiesme Propos. page 508.

Noë fut le premier qui trouua le moyẽ de labourer la terre.

Censure.

Il m'accuse de fausseté, d'autant que Adam & Caïn laboureren la terre.

Response.

Ie dis apres le Rabi Salomon, que Noë fut le premier qui trouua l'art & le moyẽ parfait de labourer la terre, d'autant que Caïn & Adam, qui n'auoient ny charruës, ny araires, ne labouroient pas la terre parfaictement, & d'vne vraye culture; ce n'estoit pas vn art, qui ne fut inuenté que du temps de Noë.

Vingt-huictiesme Propos. page 531.

Iacob luicta auec vn Ange toute vne nuict: Iesus-Christ contesta auec vn Ange toute la nuict de sa Passion.

Censure.

Il me blasme de deux fautes, & n'en quotte qu'vne seule, en ce que i'ay dit que Iesus-Christ auoit contesté auec l'Ange, au lieu, dit il, *qu'il receut des forces de l'Ange, d'où c'est qu'ayant receu du renforcement de l'Ange, il vint courageusement au deuant de ses ennemis, &c.*

Response.

Le Censeur monstre qu'il n'a pas leu le chapitre 22. de S. Luc, lequel il cite à la bonne foy, car il est dit au verset 43. & 44. qu'apres le depart de l'Ange Iesus-Christ tomba en agonie, & sua sang & eau, tels sont les effets de sa contestation auec l'Ange, non pas ceux qu'il raconte, comme si Iesus-Christ, à son dire, n'eust eu d'autres forces ny d'autre courage que celuy qu'il receut de l'Ange.

Vingt-neufiesme Proposition. page 534.

S. Iean ne mangeoit ny ne beuuoit: Iesus-Christ estoit fort austere en sa vie.

Censure.

Il me blasme de fausseté en ce que ie dis que Iesus-Christ estoit fort austere en sa vie, & le preuue par ce qui est dit en sainct Mathieu 11. Que le Fils de l'Homme est venu mãgeant & beuuant, donc il ne pouuoit pas estre austere en sa vie: Austerité de vie ne dit pas ne mãger rien du tout, mais manger auec austerité comme faisoit Iesvs-Christ.

Trentiesme Proposition. page 538.

Qui croirons nous, si nous ne croyons celuy que nous adorons comme Dieu apres son iurement redoublé par huict fois. En verité qui ne mange ma chair, &c.

Censure.

Il me reprend de deux choses. 1. Que ie dis qu'Amen est vn iurement. 2. Qu'en S. Iean chapitre 6. i'estime que Iesus-Christ parle de la verité de son corps aux deux premieres Amen qu'il prononce.

Response.

Amen estoit le iurement ordinaire de Iesus-Christ, car la verité iuroit par la verité mesme, disant, En verité, En verité ie vous, &c. Et pour le sens du chapitre 6. de S. Iean, Caluin & tous les heretiques Sacramentaires sont de l'opinion du Censeur.

Trente-vniesme Proposition. page 615.

L'Incarnation s'appelle la Conglutination ou le Collement, d'autant qu'il est dit dans le Deuteronome 10. que le Messie a esté collé à nos ancestres.

Censure.

Il m'accuse d'imposture, en ce que i'impose

à l'Escriture d'auoir dit ce qu'elle ne pensa iamais, car elle ne parle pas du Meßie.

Response.

I'ay protesté au commencement de ce Chapitre, que ie prenois cét Eloge de l'Incarnation du Traicté 27. du second Tome de Salmeron §. *vt & autem*, il rapporte celuy-cy, & les paroles mesmes de Deuteronome; lesquelles par sens d'accommodation peuuent estre tres à propos appliquées au Messie & à son Incarnation.

Trente-deuxiesme Proposition. page 621.

La nature de l'homme est souuent designée par le mot de chair dans les Escritures, comme quand il est dit que maudit est celuy qui met son esperance dans la chair, c'est à dire aux hommes.

Censure.

Il m'accuse d'auoir corrompu l'Escriture, d'autant qu'il y a dans Ieremie, maudit l'homme qui se fie en l'homme, & met la chair son bras: où c'est que par le mot de chair il dit qu'il ne faut pas entendre la nature humaine, mais la fragilité humaine, suiuant S. Augustin.

Response.

Cet homme a l'imagination si forte, qu'il trouue des corruptions par tout où il se les forge : Les Interpretes modernes & anciens ne sont pas de son aduis, qui par ce mot de chair entendent, *hominem*, *carneum*, *fragilem*, comme ie l'ay entendu dans ma Proposition.

Trente-troisiesme Proposition. page 623.

Sainct Iean semble encherir dans son Apocalypse par dessus la vision d'Isaie, quand il descrit ce beau liure mysterieux cachetté de sept grandes boucles.

Censure.

Il se persuade que i'ay corrompu l'Escriture, pource que dans S. Iean il y a des seaux *& nõ pas* des boucles, *& qu'il y a autãt de difference entre vn seau & vne boucle en cette matiere, qu'entre vne botte & vn casque.*

Response.

I'ay traduit tres-fidellement, car S. Iean en tout ce chapitre 5. monstre par son discours que c'estoient des boucles ou des fermoirs de liure, & non pas de vrays cachets, car il dit ordinairement *soluere signacula*, deslier les courroyes ou les boucles, ce qui ne se diroit pas d'vn seau ou d'vn cachet.

Trente-quatriesme Proposition. page 688.

L'Apostre disoit parlant des Corinthiens, L'vn est yure & l'autre meurt de soif.

Censure.

Censure.

Il m'accuse de profanation ridicule, pource que dans le texte il y a, l'vn a faim & l'autre est yure.

Response.

Le Censeur ne sçait pas que le mot *Esurire* dans les bons Autheurs, se prẽd pour l'vn & pour l'autre: c'est à dire pour auoir faim & soif, comme dans Martial *lib.* 3. 14. *Esuritor Tuccius*, vn homme affamé & sitibond, & parmy les Grecs πιναλέος, se prend aussi bien pour affamé comme pour alteré, i'ay donc cité le sens de l'Apostre, non par les paroles, quand i'ay dit que l'vn est yure & que l'autre meurt de soif.

Ibid. Page 704.

Il m'accuse d'vne grãde profanation, quand i'ay commencé l'Epithalame du Verbe & de la Nature humaine par ces mots. Vt pluuius cælo demittit Iuppiter imbres coniugis in gremium terræ, *& dit que ces paroles contiennent vne irreuerence insupportable aux oreilles des Saincts.*

Response.

Ce Sainct a les oreilles bien delicates, qui ne peuuent escouter la comparaison du Prophete Isaie chap. 55. *Quomo-*

do descendit imber & nix de cælo, &c. Que s'il m'appelle profane pour auoir couché le mot de *Iuppiter Pluuius*, qu'il condamne donc S. Luc aux Actes chapitre 14. vers. 22. & les Machabées liure second chapitre 6. qui nomment Iuppiter, & ne sont pas si ceremonieux que mon Censeur.

Trente-cinquiesme Proposition. page 691.

Si Nostre Seigneur n'estoit bel homme en perfection, il est impossible d'exposer le cinquiesme chapitre des Cantiques, car toutes ces descriptions que l'Espouse faict de son Espoux seroient vaines & imaginaires.

Censure.

Il retranche ma Proposition, & me reprend d'ineptie, comme si ie parlois de la seule beauté du corps de Iesus-Christ, disant que ce n'estoit pas vn suiect digne du S. Esprit.

Response.

Ie parle clairement dans tout mon discours de la beauté du corps & de l'ame de Iesus-Christ, & le redis par deux fois nommément, à fin de retrancher tout sujet de la calomnie que le Censeur forge contre moy, disant, que ie ne fais estat que de la beauté du corps, & que c'est celle là seule qui me fait appeller quelqu'vn, bel homme.

Trente sixiesme Proposition. page 703.

Iesus-Christ ne pût éuiter le brocard de e soldat impudent, qui luy dit en Croix. Il a sauué les autres, & ne s'est peu sauuer soy-mesme.

Censure.

Il dit que ie tire droit contre les trois Euangelistes, qui disent d'vn commun accord que ce furent les Prestres qui dirent ces paroles à Iesus-Christ.

Response.

Il est vray que ce furent les Prestres, mais ce fut AVEC LES SOLDATS: car S. Luc 23. & S. Mathieu 27. apres auoir dit que les Soldats crucifierent Iesus-Christ, ils adioustent, S. Luc au verset 35. & S. Mathieu au verset 41. *Deridebant eum principes* CVM EIS.

Trente-septiesme Proposition. page 608.

Il falloit que nous eussions vn Pontife sainct, innocent; plus pur que les Anges, &c.

Censure.

Il m'accuse d'imposture, & d'auoir adiousté à l'Escriture des mots controuuez: car elle ne dit pas plus pur que les Anges.

Response.

Tout ce qu'on adiouste à l'Escriture n'est pas imposture, quand on demeure dans le sens, & que les paroles adioustées seruent d'exposition, comme sont celles que i'adiouste : car sainct Paul ayant dit qu'il nous faut vn Pontife innocent, pur, sans tache, separé des pecheurs, vouloit monstrer la pureté Angelique des Pontifes. Or nous auons plusieurs exemples de ces additions dās l'Escriture mesme, comme quand sainct Pierre citant la Genese dans les Actes chap. 5. disoit : *In semine tuo benedicentur omnes familiæ terræ :* & neantmoins dans la Genese 12. il y a seulement, *In te benedicentur omnes cognationes terræ.* Et au chapitre 7. des Actes, sainct Estienne citant la Genese au mesme lieu, retrenche des paroles du texte, disant : *Exi de terra tua, & de cognatione tua, & veni in terram, &c.* Car dans la Genese il y a, *Exi de terra tua, & de cognatione tua, & de domo tua, &c.* Il y a vne centaine d'exemples semblables dans les citations de Iesus-Christ, & des Apostres, qui adioustent & retrenchent des paroles, quand elles ne sont pas essentielles : car ce sont des citations du ſens, & non pas des termes.

Trente-huictieſme Propoſ. page 710.

Bien que nous puiſſions dire que la Loy de Moyſe a tacitement commandé la perfection de l'Euangile, qui giſt au pardon des iniures; neantmoins ie n'en trouue pas vn commandement expres & formel.

Cenſure.

Il m'accuſe d'infidelité, de corruption, & de temerité, en ce que i'ay diſsimulé le commandement formel du pardon des iniures, qui eſt dans le Leuitique 19. Non quæres vltionem, nec memor eris iniuriæ.

Reſponſe.

Ie dis premierement qu'il m'accuſe à tort: car i'ay cité ce paſſage en la page 724. & l'ay expoſé en tout le Chapitre, eſcriuant contre l'animoſité, & la memoire des iniures. En ſecond lieu, il diſſimule par preuarication que i'ay adoucy cette propoſition dans mes Additions en la page 51. En ſomme ie n'ay pas dit qu'il n'y euſt aucun commandemẽt touchant le pardon des iniures, dans le vieil Teſtament, mais que ie n'en trouuois aucun formel, poſitif & expres, pource que celuy que ie rapporte du Leuitique, est vn commandement negatif : NON *quæras vltionem* : NON *sis memor iniuriæ;* Au lieu que les nostres sont positifs : *Diligite inimicos, benefacite yis qui oderunt vos, &c.* Adioustez que ie n'ay pas dit qu'il n'y eust point de commandement du pardon des iniures dans le vieil Testament, mais, Que ie N'EN TROVVOIS pas : comme sainct Augustin exposant les paroles de Dauid au Pseaume 36. *Non vidi iustum derelictum, nec semen eius quærens panem ;* dit nommément : Dauid ne dit pas que iamais les enfans des hommes iustes n'ont mandié leur pain, mais, qu'il ne l'a pas veu. Ainsi ne dis-je pas qu'il n'y ayt aucun commandement positif & formel du pardon des iniures dãs le vieil Testament, mais que ie ne l'ay pas veu, ny marqué : car ie n'ay ny veu, ny marqué toutes choses.

Quarantiesme Propos. page. 714.

La Loy Mosaïque authorise la Loy du Talion, qui est vne espece de iustice aucunement iniuste, ou à tout le moins fort imparfaicte.

Censure.

Il m'accuse de faussété, disant que la Loy du Talion est vne espece d'iniustice aucunement iniuste, & le prouue par sainct Augustin.

Response.

Le Censeur qui a pris tout ce qu'il dit contre moy en deux grandes pages de Cornelius à Lapide sur le 22. de l'Exode, pouuoit adiouster la belle remarque de cét Interprete, si elle ne luy eust coupé la gorge : *Iustum pronunciat Rhadamantus, apud Aristotelem lib. 5. Ethic. Si quæ quis fecit iniustè, eadem & patiatur, si videlicet personæ sint eiusdem sortis, & æqualis conditionis : nam alioqui si Rex rusticum percutiat, non potest iustè ab eo repercuti :* Et par ces paroles il pouuoit cognoistre en quel sens la Loy du Talion est vne iustice AVCVNEMENT iniuste, & imparfaicte.

Quarante-vniesme Propos. page 760.

De dix-huict cens mille combatans, deux fois autant de femmes, &c.

Censure.

Il me reprend d'auoir adiousté au nombre de l'Escriture, qui dit enuiron six cens mille combatans, &c.

Response.

Tout ce qu'il m'objecte, est pris mot pour mot de Cornelius à Lapide sur l'Exode chap 12. vers. 37. mais il ne l'a pas bien sceu comprendre; & les mocqueries qu'il adjouste en la page 63. sont des choses mal plaisantes. Il doit donc sçauoir que i'ay conté non seulement les six cens mille combatans que l'Exode a quotté, mais encore auec Tostat, les huict mille cinq cens octante combatans de la Tribu de Leui, *& Ægyptiorum vulgus innumerabile*. De façon que tout le peuple sorty d'Egypte, suiuant l'opinion de Tostat, & de Cornelius à Lapide, montoit par delà TROIS MILLIONS de personnes, & les combatans enuiron à dix-huict cens mille, & peut-estre dauantage.

Ibidem.

I'ay dit que de ces trois ou quatre millions il n'y eust pas vne seule personne de malade l'espace de quarante ans.

Censure.

O ineptie! ô ignorance! car, dit-il, *Marie fut touchée de la lepre, & plusieurs mordus de serpens.*

Response.

Ie rapporte nommément ceste verité du Pseaume 104 qui dit: *Non erat in Tribubus eorum infirmus.* Il est vray que le Censeur s'écrie que ce sont des inepties, & qu'il ne faut entendre ces paroles que du temps de la ſortie; en quoy ie ne ſuis pas de ſon aduis: Ce qu'il adjouſte de la ladrerie & des morſures de ſerpent, ie dis que telles choſes ne ſont pas tant des maladies, que des playes; d'où c'eſt que dans le Leuitique chap. 13. & 14. la ladrerie s'appelle plus de douze fois, PLAGA LEPRÆ. Tout homme bleſſé & mordu n'eſt pas malade, & c'eſt vne grande ignorance de confondre les bleſſures auec les maladies, cõme fait le Cenſeur.

Quarante-deuxieſme Propoſ. page 813.

Ieſus-Chriſt s'appelle *Aditus ad Patrem*, Sainct Paul aux Epheſiens chap. 2. *Par Ieſus-Chriſt nous auons l'entrée au Pere.*

Cenſure.

Il m'accuſe d'abſurdité, pource que par meſme moyen Ieſus-Chriſt ſe peut appeller Toutes choſes, *pource que toute creature n'a l'eſtre que par Ieſus-Chriſt.*

Reſponſe.

I'ay prouué ceſte propoſition par deux paſſages, en ſainct Iean 14. & aux Epheſiens 2. il prend celuy qui ſemble le plus fauorable à ſa cenſure, & fait des conſequences ineptes: Il doit ſçauoir que Ieſus-Chriſt eſt le chemin, & l'accez, ou l'entrée à Dieu le Pere, *formaliter, & effi-*

cienter: Ce qui ne peut auoir de lieu en toutes ces absurditez pretenduës qu'il rapporte en la page 56. *Paulus Apostolus PER Iesum Christum*, &, *Iudicabit PER Iesum Christum:* car ce PER, ne designe pas la formalité, comme il fait aux Ephesiens chap. 2.

Quarante-troisiesme Propos. page 815.

Il s'appelle *Antiquus dierum*, dans Daniel 7. l'Ancien des iours est assis, & les liures ont esté ouuerts.

Censure.

Il m'accuse d'estre Sabellian, & de confondre la Personne du Pere auec celle du Fils: car il dit que cét Ancien des iours ne se doit prendre pour la Personne du Fils, à cause qu'il est dit dans Daniel, que le Fils de l'homme vint iusques à l'Ancien des iours, &c.

Response.

Si ie suis heretique Sabellian, il faut que Robert de Sorbone l'ayt esté deuant moy: car c'est de luy que i'ay pris ceste remarque, *Opusc. de lib. Conscientiæ. cap.* I. quand il rend raison pourquoy Iesus-Christ parut vieil en qualité de Iuge dãs Daniel septiesme. *Senex describitur*, dit Robert de Sorbonne, *vt maturitas sententiæ comprobetur*: Aristoteles, *Nemo iu-*

uenes eligit iudices, quia non constat eos satis esseprudentes : Ce qui a trompé nostre Censeur c'est qu'il a cõfondu deux textes de Daniel, car au verset 9. du chap. 7. Le Fils est qualifié *Antiquus dierum*, & au verset 13. le Pere est appellé de mesme nom.

Quarante quatriesme Propos. page 818.

Iesus-Christ s'appelle Boanerges, c'est à dire Fils du tonnerre.

Censure.

Il dit que c'est icy que ie passe barre, d'autant que iamais Iesus-Christ n'a esté appellé de ce nom.

Response.

Il faut se souuenir que i'ay mis au commencement de ce Traicté que mon intention estoit de rassembler les Eloges de Iesus-Christ, non seulement des sainctes Escritures, mais aussi de plusieurs Peres de l'Eglise, & apres auoir dit, que S. Iean & S. Iacques furent appellez Enfans du tonnerre dans S. Marc chap. 3. i'adiouste que le mesme Epithete a esté communiqué à Iesus-Christ par Iob au chap. 26. & par S. Gregoire de Neocesarée en la premiere Homilie de l'Annonciation : voicy ses paroles, ὥσπερ ὁ Μαργαρίτης ἐκ τῶν δύω φύσεων ἐξ ἀστραπῆς, καὶ ὕδατος, ἐκ τῶν ἀδήλων σημείων τῆς θαλάσσης προέρχεται &c. De mesme façon que la perle se fait de deux natures diuerses, & est comme fille du tonnerre & de l'eau, ainsi Iesus-Christ estant la perle Euangelique, ayãt deux generations, l'vne eternelle dans le sein de son Pere, l'autre temporelle dans les flans de sa Mere, est iustement appellé par Iob & par sainct Gregoire, Boanerges & Fils du tonnerre.

Quarante-cinquiesme Propos. page 820.

Il s'appelle Cades, ou Cadesbarné, c'est à dire, la saincteté du froment, dans Iosué 14.

Censure.

Il m'accuse de mocquerie, & de profanation, disant qu'il n'y a pas d'apparence, & que ce sont mes inuentions, lesquelles ie donne pour choses solides.

Response.

Puis que Zacharie a appellé Iesus-Christ le Froment des Esleus; ce que les Interpretes appliquent ordinairement à l'Eucharistie, ie ne voy pas quelle profanation, ou quelle mocquerie il puisse y auoir en cette application, quand ie dis que Iesus-Christ en l'Eucharistie est le froment sainct, ou la sainctteté du froment.

Quarante-sixiesme Propos. page 820.

Il s'appelle, *Clauis Dauid*, dans Isaïe 22. & dans l'Apocal. 3.

Censure.

Il me reprend de ce que ie donne de tribulis ficus: *En quoy ie confesse mon ignorance à ne pouuoir entendre la subtilité de son esprit: Les paroles de sainct Iean*, dit-il, *sont telles au chap. 3. Le Sainct & le Veritable, qui a la clef de Dauid. Doncques il n'est pas la clef de Dauid.*

Responce.

Nostre Seigneur peut estre comparé à vne chose, & peut auoir la mesme chose sans preiudice de la verité: par ceste consequence il faudroit dire que l'Eglise se trompe, *& colligit de Tribulis ficus*, quand elle parle ainsi à Nostre Dame. *Clauis Dauid quæ cælum aperis*, *&c.* Nostre Seigneur est la clef de la maison de Dauid, de mesme façon qu'il estoit la porte. *Ego sum ostium.* 1. Ioan. 10.

Quarante-septiesme Propos. page 827.

Il s'appelle *Mamilla Patris*, dans Iob 24.

Censure.

Il m'accuse d'vne haute & excessiue imposture,

attribuant à Iob vn passage qu'il ne dit iamais. Voire, dit-il, *imposant à Clement Alexandrin & à S. Chrysostome, qu'ils ont fait de tres belles pensées là dessus.*

Response.

Quant au Prophete Iob, il est vray que c'est vne faute de ma memoire, laquelle i'auois desia marquée pour la corriger en la seconde edition, mais quant à Clement Alexandrin & à S. Chrysostome, le Censeur s'abuse, car voicy leurs paroles. Celuy là dit au premier du Pedagogue, *Confugiamus ad Verbum, & ad mamillam Patris soporiferam.* Et celuy-cy en l'Homelie 25. sur S. Mathieu. *Non videtis quanta infantes animi alacritate mamillam arripiunt, quâ professione Papillis infigunt labia, non minore cupiditate nos quoque ad huius calicis spiritualem accedamus Papillam.*

Quarante-huictiesme Propos. page 959.

Iamais Iesus-Christ n'auança vne seule parole en ses Predications, qui ne fust entenduë de tout le monde.

Censure.

Il me reprend d'ineptie & d'outrecuidance, disant premierement que souuent il parla obscurement à ses Apostres, & en second lieu me rapportant la parabole des zizanies, laquelle ses Auditeurs n'entendirent pas.

Responſe.

Ie monſtre clairement par tout le Chapitre, que ie n'entends pas parler des diſcours que Ieſus-Chriſt tenoit à ſes Apoſtres, mais de ſes Predications populaires. Quant à la parabole des zizanies, ie dis que ſes Auditeurs l'entendirent tres-bien quant au ſens literal, & telle eſt mon intention, car il n'y a eſprit ſi groſſier au monde qui ne puiſſe comprendre les paroles de Ieſus-Chriſt, quoy que le ſens allegorique, qui eſt d'vne infinie eſtenduë, ne fuſt pas compris par tout le monde, & N.S. s'expoſe ſoy-meſme dans S. Mathieu 13. *In parabolis loquor eis, quia videntes non vident & audientes non audiunt.* Il dit qu'ils entendent & qu'ils n'entendent pas, & par ce moyẽ ma Propoſition s'accorde auec celle du Cenſeur: car ie dis que Ieſus-Chriſt fut touſiours clair & intelligible, quant au ſens literal de ſes Predicatiõs: c'eſt à dire qu'il ne faiſoit pas comme quelques Predicateurs, qui diſent des choſes ſi hautes, que leur Auditoire n'y entend rien, *& non deſcendunt ad turbas.*

Quarante-neufiesme Propos. page 897.

Il y auoit dans la ville de Ierusalem, & aux enuirons, plus de vingt mille personnes qui auoient ou receu des guerisons de Iesus-Christ, &c. & neantmoins personne n'eut compassion de luy.

Censure.

Il me reprend de ce que ie fais tort au peuple Iuif, d'autant que Zachée, & les filles de Ierusalem eurent compassion de luy au iour de sa Passion.

Response.

Cét homme qui est si ponctuel, pourroit dire aussi que Dauid a fait tort à tous les gens de bien, quand il a dit si expressément par deux fois : *Non est qui faciat bonum, non est vsque ad vnum. Psal.* 52. Et sainct Iean chap. 12. *Ecce mundus totus post ipsum abit :* quoy que neantmoins il y eust quelques personnes qui ne suiuoient pas nostre Seigneur. Trois ou quatre en vn si grand nombre de peuple, *pro nihilo computantur.*

Cinquantiesme Propos. page 37.

Tout le monde sçait qu'au premier verset du premier Pseaume, au lieu que nous lisons, Il ne s'est point assis dans la chaire de pestilence ; les autres versions portent:

portent : Il ne s'est point assis dans la chaire des Atheïstes, & mocqueurs.

Censure.

Il me reprend griefuement d'auoir corrompu la version vulgaire, & substitué de ma teste cette interpretation.

Response.

Il faut que ce Censeur soit ou fort maling, ou fort ignorant : car il rapporte les paroles de Genebrard à contre-sens, duquel ie m'estois seruy, & les desguise tellement, qu'il me rend criminel. Car apres que Genebrard a monstré que par ce mot de pestes, ou de mocqueurs, le Prophete entēd les impies & les Athées; *qui diuina humanaque rident*, il adjouste: *Nec tamen incommodè Barnabæ Apostolo apud Clementem Gentes sunt consilium impiorum: Iudaïca opinio, via peccatorum, hæresis, pestilentiæ cathedra : His enim tribus generibus veteres, vt Synesius, impios omnes* PRÆTER *Atheos concluserunt.* Le Censeur n'a pas entendu ces dernieres paroles, ou il ne les a pas voulu entendre : car il traduit contre l'intention de Genebrard, HORSMIS les Atheïstes ; au lieu qu'il faut traduire, OVTRE les Atheïstes : car tel est le sens naturel. Outre les Atheïstes, il y a trois especes d'impies, sçauoir, les Gentils, les Iuifs, & les Heretiques. Quelle fiance peut-il y auoir en la sincerité de cét homme, qui vse d'vne si grossiere corruption pour calomnier mes Escrits : Et neantmoins c'est en cét endroit qu'il triomphe de moyen toutes les pages 80. 81. & 82. comme s'il m'auoit surpris sur la plus grande perfidie du monde. *Væ qui dicitis malum bonum, & bonum malum, ponentes tenebras lucem & lucem tenebras. Isaiæ 5.*

Cinquantiesme Proposition. page 156.

Faisons l'homme à nostre image & semblance, dans le texte Hebraïque, faisons l'homme à nostre ombre & semblance.

Censure.

Il me reprend de tous les vices dont vn Interprete peut estre repris & conuaincu, comme si i'auois corrompu l'Escriture, & aneanty la version vulgaire qui porte, à nostre image.

Response.

Il s'abuse grandement, car ie reuere & retiens la version vulgaire, comme estãt la seule authentique. Mais il ne m'est pas defendu de me seruir des autres, quand elles sont bien & solidement fondées comme celle-cy, laquelle ie rapporte de Cornelius à Lapide, auquel le Censeur fait cét honneur de l'appeller aueugle guidé d'vn autre aueugle, ayant neantmoins pris de luy tout ce qu'il dit depuis la page 85. iusques à 91. Il est vray qu'il declame puissamment contre les ombres, & verifie le Prouerbe; *Luctatur cum vmbris, & vmbram verberat*; car tout ce discours est hors d'œuure.

Cinquante-deuxiesme Proposition. page 164.

Ce sont les Geants descrits metaphoriquement par le Prophete Ieremie, au chap. 31. suiuant la version des Septante, qui n'auront point de patience, iusques à ce qu'ils ayent porté sur leur dos les montagnes & les terres qui restent dans le monde habitable.

Censure.

Il trouue mauuais que i'appelle les Peres de nostre Compagnie, qui trauaillent à la conuersion des Indes, du mot de Geans, & dit qu'il n'y en a pas vn mot dans tout le chapitre 31. de Ieremie, suiuant la version des Septante imprimée à Anuers l'an 1616.

Response.

A cela ie responds, 1. que ie me suis

gouuerné ſuiuant l'edition des Septante faite à Rome l'an 1588. qui met ce chap. le trente-huictieſme, & conſultant depuis celle d'Anuers de l'an 1616. i'ay veu que le Cēſeur a faute d'yeux, ou de conſcience, d'aſſeurer hardiment vne choſe ſi contraire à la verité. 2 Pour entendre mes paroles, il faut ſe ſouuenir que i'ay dit, Les Geans deſcrits METAPHORIQVEMENT, pour mōſtrer que mon intention n'eſtoit pas de dire que le mot de Geant ſe trouue dans le texte des Septante, mais ſeulement par metaphore. 3. Il faut ſçauoir que tout ce chap 31. eſt touchant la conuerſion de la Gentilité: *In illo tempore, dicit Dominus, ero in Deum generi Iſrael, & ipſi erunt mihi in populum.* Or dans ce chap. ſont deſcrits metaphoriquement les hōmes Apoſtoliques ſous le nom de Geans: car bien qu'il ne les nomme pas Geans, neātmoins il les deſcrit par leurs ſynonimes, qui ſont, 1. *Rephaim*, *Seruatores*, ou *Saluatores*, au verſet ſeptieſme & onzieſme. 2. *Enackim*, *Gementes vel gemere facientes*, ils ſont deſcrits au verſet quinzieſme. 3. *Zanzummim*, *Irati & Fortes*, ils ſont deſcrits au verſet dixieſme. 4. *Zuzim*, *poſtes*, *ſuperliminaria*,

Gentes fortes, ἔθνη ἰσχυρὰ, ils sont descrits au verset 38. & dans diuers lieux du chap. 5. *Nephilim*, *Cadentes*, *irruentes*, *potentes*, *cadere facientes*; tout ce chap. parle de la cheute des Idoles, & de la conuersion des peuples. 6. *Horim*, *Principes*, *nobiles*, *pretiosi*, *candidi*; ils sont descrits au verset 20. suiuant toutes les versions.

Cinquante-quatriesme Prop. page 341.

Ce sont ces trois fontaines, lesquelles le Sage m'aduertit de boire, quand il dit, suiuant la version des Septante, *Beuuez du puits de vos fontaines. Prou. 5.* Le puits, dit Origene, est l'essence diuine.

Censure.

Il m'accuse de deux choses, 1. d'auoir corrompu l'Escriture, pource qu'au texte des Septante il y a, de la fontaine de vos puits. 2. *d'auoir imposé à Origene vne chose qu'il ne songea iamais.*

Response.

Quant à la premiere faute pretenduë, ie dis qu'elle est nulle: car dans l'Escriture les noms de Puits, & de Fontaine sont synonimes pour la pluspart, comme il se void dans sainct Iean chap. 4. ver. 6. *Erat autem ibi fons Iacob.* Et plus bas au verset 11. & 12. il l'appelle, *puteum: Puteus altus est: Dedit nobis puteum, &c.*

Quant à ce qu'il m'impose d'auoir imposé à Origene, il s'abuse grandement, car voicy ses paroles en l'Homelie 12. sur les Nombres: *Ego puto quod scientia ingeniti Patris vnus possit intelligi puteus: sed & vnigeniti eius filij cognitio, alius puteus intelligi debet; alius enim à Patre Filius, & non idem Filius qui & Pater. Et rursus tertium puteum videri posse puto agnitionem Spiritus Sancti; alius enim & ipse est à Patre & Filio. Est ergo hæc trium distinctio personarum in Patre, & Filio, & Spiritu Sancto, quæ ad pluralem puteorum numerum reuocatur: sed horum puteorum vnus est fons: vna enim substantia est & natura Trinitatis.* Telles sont les paroles d'Origene, desquelles le Censeur pourra apprendre de n'estre pas si chaud & si hazardeux à reprendre.

Cinquante-cinquiesme Prop. page 82.

Le texte Hebraïque, & la version de Vatable corrigée, porte simplement: *Si vous ignorez, ô la plus belle d'entre les femmes.*

Censure.

Il me reprend d'auoir osté l'article Hebraïque qui porte, Si ignoras TE.

Response.

Il est vray que l'article est dans l'Hebrieu, mais il deuoit sçauoir qu'il est superflu en cét endroit, comme en plusieurs autres passages. Voila comment parle Sanctius : *Cæterùm in illo, Ignoras te, illud* TE, *paragogicum est, more Hebræorum, apud quos redundare solent aliquæ particulæ, sicut apud Latinos* MET, CE, *&* TE, *vt Tute, id est, Tuipse : ita hoc loco, Si* TV TE *ignoras, id est, si Tu ipsa ignoras.*

Cinquante-sixiesme Propos. page 83.

Qui est-ce qui vous cognoistra dans les Enfers? disoit Dauid au Pseaume 6. suiuant la version Hebraïque.

Censure.

Cela, dit-il, *est faux comme la fausseté mesme, car il y a par tout*, Quis confitebitur tibi?

Response.

Quand i'ay dit, la version Hebraïque, ie monstre bien que ie n'entens pas le texte originaire de la Bible, lequel n'est pas vne version, mais le texte originaire. I'ay donc entendu les Hebrieux, qui le traduisent comme cela, & s'attachent plus au sens, qu'aux paroles: car en effet tel est le sens de Dauid, *In Inferno quis confitebitur tibi?* Qui vous confessera? qui vous cognoistra pour Dieu? comme il s'explique luy-mesme au Pseaume 87. ver. 12. & 13. *Numquid narrabit aliquis in sepulcro misericordiam tuam, & veritatem tuam in perditione? Numquid* COGNOSCENTVR *in tenebris mirabilia tua, & iustitia tua in terra obliuionis?* Le Maistre des Sentences exposant le Pseaume sixiesme, a compris l'vne & l'autre version sous ce mot, *Quis in cæcitate desperationis confitebitur tibi?*

CHAP.

CHAPITRE SECOND.

Propositions de Theologie, desguisees, corrompuës, & mal entenduës par le Censeur Anonyme.

IE n'auois sceu gouster iusques à maintenant la Maxime de quelques vns, qui ne mettent iamais vn feuillet au iour qu'auec cette persuasion, que tous Lecteurs sont autant d'ennemys, qui viennent les armes au poing, & auec dessein d'esgratigner leurs Escrits : car il me sembloit que ce fust vne pensee indigne d'vn homme d'honneur, & d'vn esprit bien né. Neantmoins comme Dauid s'estant refugié vers le Roy Achis, & croyant trouuer du support en la Cour de ce Prince, s'apperceut vn peu trop tard qu'il estoit au milieu de ses ennemys, ainsi voyant les esgratigneures qui ont esté donnees à ma Somme de Theologie, & les entorses qu'on a faict prendre à quelques vnes de mes propositions, i'ay esté contraint de r'entrer en moy-mesme, & confesser que tous mes Lecteurs ne respondent pas en docilité au desir que i'ay de seruir le public, quelques vns abusans de la liberté que ie leur donne dans mes Aduertissemens, de releuer mes defauts en charité Chrestiẽne, sont entrez dans ma Somme de Theologie comme des sangliers dans vne vigne, ils se persuadent qu'à toutes les lignes de mes Escrits ils treuuent des scandales, & sont semblables à Marillus le Sophiste, leur animosité leur fait dire ce qu'il disoit dans Seneque, *Necesse est me per spinosum locum ambulantem, suspensos pedes habere*: mais on leur respond ce que Portius Latro respondit à Marillus. *Non mehercules tui pedes spinas calcant, sed habent.* Il est venu entre mes mains quelque nombre de propositions descharnees & mesconnoissables qui me remettent deuant les yeux l'estat pitoyable du vaillant Hector.

Raptatæ bigis atræque cruento
Puluere, perque pedes traiectæ lora tumentes.

Ie puis dire qu'il m'est escheu le mesme qu'il arriua iadis au P. Frõton du Duc, personnage de tres-douce memoire parmy les gens de lettres, car comme il eust fait vne tres-belle Tragedie Françoise, il se trouua vn plagiaire qui la desguisa honteusement & la fit paroistre souz son nom: Le P. Fronton pour toute vengeance luy escriuit ce Quatrin.

Ce que tu imprimes Bernet
Ie dis que mien il souloit estre,
Mais tu l'as mis si mal au net,
Qu'on t'en peut bien dire le maistre.

Toute la vengeance que ie desire de celuy ou de ceux, qui ont diffamé & desmembré mes propositions, est qu'ils sçachent que ie les des-auoüe pour miennes en l'estat qu'ils les ont publiees, & que si i'auois autant d'heures & de conscience à perdre, comme ils en perdent à l'examen de mes Escrits, il n'y a liure au monde quelque sainct qu'il puisse estre, dans lequel, retranchant, adioustant, substituant, changeant, biaisant le sens des Escriuains, comme ils ont fait dans ma Somme, ie ne trouuasse autant d'heresies que S. Epiphane & Theodoret en ont recognu & desfaict par leurs doctes Volumes. L'animosité de ces Aristarques me fait croire que si ie faisois imprimer le Symbole des Apostres, on y trouueroit des heresies à centaines.

I. Proposition.

Pag. 700. En l'estat d'innocence nous eussions eu toutes les commoditez imaginables, excepté celle de l'Immortalité: car en fin estans composez des mesmes Elemens que nous sommes maintenant, il eust fallu voir la fin de l'ouurage: Nous fussions morts sans douleur, mais en fin nous fussions morts.

Censure.

Il m'accuse d'auoir enseigné contre la creance commune de l'Eglise & des Peres, car le Concile Mileuitain second iette Anatheme sur ceux qui diront qu'Adam fût mort s'il n'eust point offensé Dieu.

Response.

Le Censeur n'a pas bien consideré mes parolles, & a retranché la moytié de ma proposition: 1. Ie dis qu'il n'a pas consideré mes parolles, car i'ay dit, QV'ESTANS COMPOSEZ DES MESMES ELEMENS que nous sommes maintenant, nous fussions morts, c'est à dire, en vertu de nos principes interieurs, nous ne pouuions euiter la mort, ce qui est tres veritable en suitte de la composition & de la contrarieté des elemens qui tendent à la fin: 2. I'ay adiousté dans la mesme page, le rapportant du Maiſtre des Sentences, que nous euſſions eu, POSSE NON MORI, *In ſecundo Diſt.* 19. Ie dis doncques clairement que *ab intrinſeco ex vi compoſitionis contrariorum elementorum*, nous fuſſions morts, ou euſſiõs eſté mortels, mais *ab extrinſeco*, nous eſtiõs immortels *ex vi decreti diuini & conſeruationis perpetuæ*: Le Concile Mileuitain ſecond au chap. premier, & le Concile Afriquain au chap. 76. iettent Anatheme, non pas ſur mon opinion, mais ſur la propoſition entendue ou deſguiſee par le Cenſeur, car ils diſent en meſmes termes, l'vn l'ayant pris de l'autre. *Quicumque dicit Adam primum hominem mortalem factum, itaut ſiue peccaret, ſiue non peccaret, moreretur in corpore, id eſt de corpore exiret, non peccati merito* SED NECESSITATE NATVRÆ: *Anathema ſit.* Ie dis que nos parẽs & nous euſſiõs peu NE MOVRIR pas, pource que nous euſſions peu ne pecher pas, car en ce cas, Dieu nous euſt entretenu dãs l'Immortalité, & n'euſſions eu aucune neceſſité de mourir, qui eſt la neceſſité naturelle, ſur laquelle les Cõciles lancent l'Anatheme, car ie ne dis pas que nous fuſſions morts quoy qu'il peuſt eſchoir, mais ſeulemẽt en vertu & en ſuitte de la cõpoſition des Elemens contraires, & i'ay dit nommément en ma proposition que nous eussions eu l'impassibilité, c'est à dire, que nous eussions esté immortels, *ab extrinseco*, si nous eussions voulu ne pecher pas. Outre l'Escot in 2. *Dist*. 19. S. Augustin l'a dit clairement au septiesme *de Genesi ad lit*. cap. 25. en ces termes, *Corpus Adami mortale erat, quia poterat mori, & immortale, quia poterat non mori*. Ie n'ay pas voulu en cet endroit approfondir cette question, dautant que ie la reserue plus au long pour le commencement du second Tome, il me suffit en cet endroit de dire & parler auec les anciens Peres, qui enseignent d'vn commun accord. *Hominem ab initio neque plane mortalem, neque plane immortalem genitum esse, sed veluti in confinio vtriusque naturæ, vt si corporeas affectiones sequeretur, sub corporis mutatione subiaceret: sin animi bona anteponeret, ad immortalitatem traduceretur*.

II. Proposition.

Pag. 436. Quand il se retire de cette vie pour le iugement personnel, affin qu'il ne tombe dans les filets de l'ennemy, la separation du corps & de l'ame estant faicte nos esprits se trouueroient en belle peine s'ils estoient abãdonnez des bons Anges.

Censure.

Il dit qu'il est faux qu'apres la separation du corps & de l'ame, nos esprits soiẽt en danger, ny en peine, à cause qu'ils ne sont plus en estat de meriter, ou demeriter.

Response.

Ie rapporte ces parolles de Discipulus au Sermon 40. *Recedenti post mortem, ne diaboli laqueis implicetur*, Ie dis que l'ame est capable de meriter & demeriter iusques au iugement personnel, auquel nous auõs grande confiance en nos bons Anges, soit que le iugement personnel se fasse *in ipso instanti separationis*, comme plusieurs l'estiment, soit qu'il se fasse immediatement apres, *aliquo interposito momento*, comme le semble presupposer ce Theologien : & c'est ce que i'ay dit clairement *quand l'ame se retire de cette vie pour le iugement personnel*: c'est à dire, pour aller au iugement personnel, en quelque lieu qu'il se fasse, car c'est vn point entierement caché aux hommes.

III. Proposition.

Pag. 482. Dieu le Pere engendre hors de soy vn certain Verbe expressif.

Censure.

Cette façon de parler ressent en quelque

façon l'Arianiſme poſant de la production *ad extra*, dans les perſonnes.

Reſponſe.

Pag.483. I'ay dit & monſtré fort au long en la page 473. Que les perſonnes ſont l'vne dans l'autre, *per indigreſsibilitatem circumince ſsionem & immanentiam*; Ie dis icy que le Pere engendre dans ſoy, & hors de ſoy, dans ſoy formellement, & dans ſon ſein, hors de ſoy terminatiuement, & poſe cette differēce entre la generation *du Verbum mentis, & du Verbe eternel, que me conceuant moy-meſmes, ie ne fais pas deux perſonnes, mais ſi fait bien Dieu le Pere*: C'eſt en ce ſens que ie dis que le Pere engendre hors de ſoy-meſme, produiſant vne perſonne diſtincte. Ces choſes à mon aduis ne peuuent pas s'expliquer populairement & intelligiblement auec plus de reuerence.

IV. Propoſion.

Pag.276. L'eſſence diuine eſt vn miroüer volontaire des choſes pour le regard des bien heureux, pour leur faire veoir les choſes qu'elle veut, ou par reuelation, ou en vertu de la viſion beatifique.

Cenſure.

Il n'y peut auoir de reuelation aux bien-heureux, car s'il y auoit en eux de la reuelation, il y auroit de la foy.

Response.

Le Censeur s'abuse, car c'est l'opinion presque la plus cõmune entre les Theologiens modernes, que les choses libres qui sont en Dieu, comme sont les conseils, les determinations & les actes qui suiuent la volonté diuine, ou bien les choses qui ne sont pas formellement en Dieu, telles que sont les creatures actuelles, ou possibles, ne se voyent pas dans le Verbe en vertu de la vision beatifique, mais par vne reuelatiõ particuliere, & c'est cõtre le sens commun de tirer cette consequence. Il y a de la reuelation, donques il y a de la foy, car les Anges superieurs reuelent aux Anges inferieurs qui pour cela n'ont pas de foy.

V. Proposition.

Pag. 566. Dieu au deluge general lascha sans cholere par vne permission fort aisee, les cataractes du Ciel.

Censure.

Ce ne fust pas sans cholere, telle que Dieu peut auoir, puis que *tactus est dolore cordis intrinsecus.*

Responſe.

Quand l'Eſcriture dit que Dieu fût touché de douleur, & qu'il ſe repentit, elle parle metaphoriquement; ce ne fut, ny cholere, ny douleur, ny repentance: mais comme remarquent les Peres, l'Eſcriture parle Ανθρωποπαθῶς. Si i'auois dit que Dieu ſe mit en cholere, le Cenſeur pour me faire voir qu'il n'eſt pas de mon aduis refuteroit ma propoſition, & auroit vn bien plus ample ſubiet que maintenant.

VI. Propoſition.

Pag. 189. Autre que Dieu ne peut auoir fait la diuerſité de nos viſages.

Cenſure.

Cette propoſition contrarie à la cooperation des cauſes ſecondes.

Reſponſe.

Cette propoſition neantmoins eſt priſe mot pour mot du ſecond liure des Machabees chap. 7. verſet 22. car voila comment parloit la mere des Machabees à ſes enfans. *Neſcio qualiter in vtero meo apparuiſtis, neque enim ego Spiritum & animam donaui vobis & vitam & ſingulorum membra non ego ipſa compegi, ſed enim mundi creator qui formauit hominis natiuitatem.* La mere diſant à ſes enfans : Ce n'eſt pas moy qui ay ait vostre visage, c'est Dieu le Createur, Elle ne dit autre chose que ce qui est porté ar nostre proposition.

VII. Proposition.

Pag. 406. C'est Dieu seul qui gouuerne le monde.

Censure.

Ergo, ny Iesus-Christ, ny Ange, ny Magistrat, ny Prince, ny Roy, ny Pape, n'ont aucun pouuoir au monde, & il faut secoüer le ioug de leur obeyssance.

Response.

Ie parle du gouuernement despotique de tout le monde, non pas du politique de diuerses parties du monde: car c'est Dieu seul qui commande aux Cieux, aux Elemens, au Soleil, aux Saisons, & c'est en ce gouuernement que les hommes ne peuuent rien que causer du desordre.

Les consequences de cet homme sont ridicules: car il dit tous les iours à la Messe parlant à Dieu, *Tu solus sanctus, tu solus Dominus.* Doncques il n'y a ny Saincts, ny Seigneurs au monde que luy, & faut estouffer tous ceux qui prenent le nom de Maistres, & quand S. Paul a dit en la premiere à Timothee chap. 6. parlant de Dieu, *solus potens, solus habet immortalitatem.* Donques il n'y a point de puiſſant, ny de puiſsa-ce au monde, & faut ſecoüer le ioug de toutes les autres puiſſances.

VIII. Propoſition.

Pag. 400. Les actions ſont moralles en tant qu'elles peuuent ſeruir à meriter, ou demeriter.

Cenſure.

Ergo, toutes les actions qui ſe font en Paradis, en Purgatoire, ou en Enfer, peuuent ſeruir à meriter, ou demeriter, pource qu'elles ſont moralles.

Reſponſe.

Le Cenſeur corrompt ma propoſition, car ie ne dis pas en general que les actions ſont moralles à cauſe qu'elles peuuent ſeruir à meriter ou demeriter, mais celles dont ie parle dans le texte, qui ſont les actions naturelles de boire & de manger, leſquelles peuuent eſtre reueſtuës de la moralité, en tant qu'elles peuuent ſeruir au merite ou au demerite: & le Cenſeur a rëuerſé la conſequence, car il deuoit dire. Donques les actions qui ſe font en Paradis & en Enfer ſont moralles à cauſe qu'elles ſeruent à meriter & demeriter: & en ce cas il euſt veu la foibleſſe de ſes conſequences.

IX. *Propoſition.*

ag. 272. La puiſſance de Dieu conſi-
eree en elle meſmes eſt vne perfection
ſez morne.

Cenſure.

Ergo, la puiſſance de Dieu a de l'imper-
ctiõ, puis qu'eſtre morne eſt vne imper-
ction parmy les hommes.

Reſponſe.

Le Cenſeur corrompt ma propoſition y
ioustant ces mots, DE DIEV, car ie parle
la puiſſance en general: puis ſa conſe-
ience eſt nulle & digne de ſon humeur,
r les metaphores appliquees à quelque
oſe ne treſnent point de l'imperfection,
trement il faudroit dire. *Prata ſunt lu-*
riantia: Ergo les prez ſont impudiques,
go il les faut chaſtier comme luxurieux.

X. *Propoſition.*

g. 272. La puiſſance de Dieu n'eſcla-
qu'à boutades.

Cenſure.

Ergo, la puiſſance de Dieu a des bouta-
s, Ergo elle eſt capricieuſe & fantaſque.

Reſponſe.

Le Cenſeur corrompt encores icy ma
propoſition, ie parle de la puiſſance en ge-
ral, il y adiouſte ces mots, DE DIEV, & ſa

consequence est ridicule, car il faudro
dire, le Soleil n'eclate qu'à boutades; Erg
le Soleil est fantasque & capricieux.

XI. Proposition.

Pag. 273. La sagesse de Dieu est vne pe
fection assez languissante, qui coule à pe
bruit.

Censure.

Ergo, le texte des Escritures est faux, q
dit, parlant de la sagesse, *attingit à fine vsq
ad finem fortiter. Sapient.* 8. Ergo la Sage
se de Dieu est faineante & a de la foiblesl

Response.

Le Censeur corrompt perpetuelleme
mes propositions: car ie parle de la Sages
en general, & il adiouste ces mots DE DIE
outre que sa consequence est ridicule: c
ie dirois, *Erat quidam languens Lazar*
Ergo c'estoit vn faineant. Tout ce qui la
guit n'est pas faineant pour auoir de la la
gueur.

XII. Proposition.

Pag. 273. *La* bonté de Dieu est vne pe
fection assez molle.

Censure.

Ergo, La bonté de Dieu est aussi fa
neante.

Response.

Ie respons comme dessus: il corrompt mon texte & tire des consequences ridicules. Ie parle de la bonté en general, non pas de la bonté de Dieu.

XIII. Proposition.

Pag. 273. En nos imaginations ce qui est de plus merueilleux en la Diuinité, c'est la toute-science.

Censure.

Ergo en Dieu il y a de l'inegalité, selon l'imagination de cet Autheur.

Response.

Nos imaginations ne donnent, ny n'ostent rien à Dieu, quoy que nous imaginions, & quelque inegalité que nous formions en Dieu, il n'en est ny pis ny mieux.

XIV. Proposition.

Pag. 94. La foy viagere.

Censure.

Ergo il y a vne autre foy permanente, qui sera dans la patrie.

Response.

C'est comme si ie disois, Le feu chaud: Ergo il y a vn autre feu qui est froid de sa nature. Le cigne blanc: Ergo il y a des cignes noirs.

XV. Proposition.

Pag. 95. La foy se rapporte essentiellement à la vision beatifique, & fait comme vne partie d'icelle.

Censure.

Ergo la vision est auec la foy, & la foy auec la vision.

Response.

C'est comme si ie disois, le chemin est comme vne partie du terme *ad quem*, & la disposition est comme vne partie de la forme qui s'introduit par la disposition, Ergo le chemin & le terme *ad quem*, la disposition & la forme sont ensemble.

XVI. Proposition.

Pag. 99. Les bien-heureux ne parlent pas quelquefois à Dieu, mais c'est pour peu de temps.

Censure.

Ergo, la vision beatifique ne consiste pas à voir, loüer & aimer Dieu sans cesse.

Response.

Ie nie la consequence, quant à la vision & à l'amour, car ces actions se peuuent faire sans parler, & quant à la loüange de Dieu, ie ne sçache aucun Theologien, qui mette la vision beatifique à loüer Dieu sans cesse, outre que ie preuue ma proposition par le huictiesme chapitre de l'Apocalypse, qui dit *Factum est silentium in cœlo quasi media hora* : & en ceste demie heure, suiuant le dire du Censeur, les bien-heureux ne seroient pas bien heureux.

XVII. Proposition.

Pag. 101. Iamais nous ne sommes dignes, de parler de Dieu, ny mesmes en Paradis.

Censure.

Ergo, il n'y a point de merite *de condigno*.

Response.

Ie nie la consequence, & ne puis comprendre la subtilité du Censeur, car il n'y a personne en Paradis qui ne puisse dire auec Abraham, *loquar ad dominum, cùm sint puluis acinis*. Genes. 18.

XVIII. Proposition.

Pag. 107. Dieu semble auoir soustrait à l'esprit humain les preuues de son estre.

Censure.

Ergo, il y a des preuues de Dieu *à priori*.

Response.

Ie nie la consequence, il suffit qu'il y en ait *à posteriori*, comme ie le monstre par tout mon discours.

XIX. Proposition.

Pag. 102. Nous tenans tousiours sur cette desmarche d'indignité, nous mettrions nos affaires au desespoir.

Censure.

Ergo, cet Autheur nous suade l'orgueil & la fausse opinion de nous mesmes.

Response.

C'est vn cas estrange de l'humeur de ce Censeur, quand i'ay dit que nous sommes indignes, voire en Paradis, de parler de la Diuinité comme il faut, il m'a repris: & maintenant quand ie m'accorde auec luy, disant qu'il ne faut pas se tenir tousiours sur cette indignité, il se fasche, & semble estre de l'humeur de celuy qui disoit.

Insequeris, fugio: fugis, insequor: hæc mihi mens est
Velle tuum nolo Dindyme: nolle volo.

Qu'il escoute S. Gregoire qui dit en la troisiesme partie de son Pastoral. *Illi dum nimis præsumunt; isti dum nimis infirmitatis suæ sunt conscij plærumque in desperationem cadunt.*

XX. Proposition.

Pag. 109. Si i'estois en matiere de la congnoissance de Dieu, plus sçauant que ie ne suis, ie serois, pour dire ainsi, moins Chrestien que ie ne suis, & i'ayme mieux estre ignorant Chrestien que sçauant Philosophe Payen.

Censure.

Ergo, S. Paul qui *audiuit arcana verba*, & S. Thomas qui en sçauent sans comparaison plus que cet Autheur, sont moins Chrestiens que luy pour dire ainsi.

Response.

Affin que la consequence du Censeur ne soit pas ridicule, cõme celles que nous auons examiné iusques à maintenant, il faut qu'il pose en son Antecedant que S. Paul & S. Thomas ont esté des Philosophes Payens.

XXI. *Proposition.*

Pag. 307. Ie porte la definition authentique de ce que nous appellons Dieu.

Censure.

Ergo, Dieu est composé de genre & difference.

Response.

Par le nom de definition on entend, mesmes dans les Escholes, la description d'vne chose.

XXII. *Proposition.*

Pag. 259. Ie suppose que bastir est le propre de la sapience.

Censure.

Ergo, la sapience n'est pas vn Attribut differant de la puissance à laquelle le bastir appartient.

Responſe.

Il eſt faux que le baſtir appartienne formellement à la puiſſance, car Salomon dit expreſſement. *Sapientia ædificauit ſibi donum.* L'Architecte baſtit non pas en tant que puiſſant, ny en tant que riche, mais en tant que ſage & ſçauant, d'où c'eſt que dans les Formules de Caſſiodore, les Architectes ſont qualifiez ordinairement, *Sapientes.*

XXIII. *Propoſition.*

Pag. 291. Les fautes commiſes par les Anges ne ſe font que par pure malice.

Cenſure.

Ergo, il eſt faux que *Omnis peccans ſit ignorans.*

Reſponſe.

Quant aux fautes des hommes il peut eſtre veritable que, *Omnis peccans eſt ignorans*: mais parlant en general, & nommément de la faute des Anges, il eſt tres-faux. S. Thomas 1. 2. queſt. 28. art. 1. & Iob 34. verſ. 26. *Quaſi impios percuſſit eos in loco videntium, qui quaſi de induſtria receſſerunt ab eo; & omnes vias eius intelligere noluerunt.*

XXIV. *Propoſition.*

Pag. 292. Verité eſſentielle, qu'Adam eſtoit noſtre chef.

Censure.

Ergo, Adam estoit essentiellement nostre chef, & il ne peut estre autrement.

Response.

Ie nie la consequence, car c'est comme si ie disois, C'est vne verité eternelle que Pierre estant homme est raisonnable: Ergo Pierre est homme & raisonnable eternellement: c'est vne verité essentielle qu'vn calomniateur offense Dieu: Ergo, vn calomniateur offense essentiellement, & il ne peut estre autrement, c'est à dire qu'il ne se peut passer d'offenser Dieu.

XXV. Proposition.

Pag. 219. Il y a tant de creatures miserables, qui auroient beaucoup meilleur marché de n'estre pas, pour sortir tout à coup de leurs miseres, sont elles si despourueuës de sens, ou si ennemies d'elles mesmes qu'elles ne voulussent contribuër leur inclination naturelle à n'estre plus.

Censure.

Ergo, c'est vne chose loüable de se tuër soy-mesme, car notez qu'il parle des hommes.

Response.

Le Censeur auoit les yeux esgarez, & prenoit les fourmis pour des hommes, car ie parle nommément des fourmis & des vermisseaux, & ne nomme en façon du monde les hommes que vingt lignes apres, où c'est que ie preuue par fortes raisons, que se desfaire soy-mesme est vne grande lascheté. Celuy qui prit des chardons pour des hommes en la bataille de Montlehery, dans Philippes de Commiues, & mit le desordre dans l'armee, n'auoit pas la veüe si troublee que le Censeur, quand il a pris des fourmis pour des hommes. Quant à ma proposition par laquelle i'ay dit que pour plusieurs creatures il vaudroit mieux n'estre pas que d'estre, c'est la commune resolution des Escholes, *damnati enim possunt præeligere non esse, in quantum est ablatiuum pœnarum. Supplem* quest. 98 art. 8. *Melius est non esse quam male esse*, dit S. Hierosme sur le 20. de Ieremie, & voila pourquoy les damnez diront aux montagnes, *cadite super nos*: mais d'estimer que i'aye enseigné qu'il se faut pendre, ou se deffaire soy-mesme, c'est vn Ergo fort melancholique digne de l'esprit de son Autheur.

XXVI. Proposition.

Pag. 2[illegible]. La puissance d'obeïssance est contre l'inclination naturelle.

Censure.

Ergo, la creature n'a aucune obligation d'obeïr à son Createur, ce qui est contre l'Eschole de Theologie.

Responce.

Si la melancholie n'excuse le Censeur, il ne peut euiter le blasme du Calomniateur, car mes parolles ne sont pas telles qu'il se les imagine, Ie parle de la puissance passiue que les Theologiens appellent *potentiam obedientialem*, & ne dis pas, comme il s'est persuadé que telle obeïssance est CONTRE l'inclination naturelle: mais par dessus, car voila mes parolles : *Par le moyen de laquelle obeyssance toute la nature obeyt à son Createur, voire aux despens de son inclination*: c'est à dire, que le Createur par le moyen de ceste obeïssance, esleue les creatures par dessus leur portee naturelle, comme quand il fait que la boüe esguerit vn aueuglement, que le froid eschauffe, que le feu rafreschit, voire Sedulius passe bien au delà, & monstre que Dieu par le moyen de cette puissance se sert des qualitez contraires, quand il dit:

Subditur omnis
Imperio Natura tuo, rituque soluto
Transit in ADVERSAS *iussu dominante figuras*

Si iubeas mediјs segetes arêre pruinis
Messorem producet hyems; si currere mustũ
Vernali sub sole voles: florentibus aruis
Sordidus impressas calcabit vinitor vuas.

XXVII. Proposition.

Pag. 129. La plus part des bestes hideuses n'ont esté faictes qu'en chastiment de nostre preuarication.

Censure.

Ergo, l'Escriture saincte est fausse, qui dit au chap. 1. de la Genese que Dieu crea au quatriesme & cinquiesme iour tous les animaux de l'air, de l'eau & de la terre, & que l'homme fut fait le sixiesme iour: les bestes hideuses estans faites deuant l'homme, ne peuuent estre faictes en chastiment de l'homme.

Response.

Cette censure & sa consequence sont extrememẽt ridicules, car c'est cõme si ie disois: Les gibets de Mont-faucon ont esté faits deuãt le larron qu'on y pend auiourd'huy: car il y a plus de deux cens ans qu'ils sont bastis, & ce larron n'a que trente ans: Ergo, ils ne peuuent estre faicts en punition de son larrecin. Qu'il escoute S. Augustin lib. 3. *de Genesi ad lit.* cap. 15. parlant des serpens, des crapaux & autres bestes ſemblables; *potuerunt iſta etiam creata nihil nocere, ſi cauſſa non extitiſſet terrendorum, puniendorumque vitiorum*. Dieu preuoyant la cheute de nos parens, fit deuant eux, les animaux & les creatures hideuſes, par leſquelles il deuoient eſtre chaſtiez en ſuitte de leur offenſe.

XXVIII. Propoſition.

Pag. 144. Dieu eſt eſſentiellement caché ſous ſes creatures.

Cenſure.

Ergo, Dieu n'eſt pas autant deſſus & dedans, que deſſous les creatures.

Reſponſe.

La conſequẽce eſt ridicule, car diſant que Dieu eſt ſous ſes creatures, on ne nie pas qu'il ſoit deſſus & dedans : Il eſt dedans pour les conſeruer, il eſt deſſous pour les ſouſtenir, il eſt deſſus pour les gouuerner.

XXIX. Propoſition.

Pag. 139. Intimider les Diables par l'apprehenſion des peines eternelles.

Cenſure.

Ergo, les Diables n'endurent pas encores les peines eternelles.

Reſponſe.

Le Cenſeur n'a iamais aſſiſté aux exorciſmes de l'Egliſe, par leſquels nous intimidons les Diables par l'augmentation des peines qu'ils souffrent.

XXX. Proposition.

Pag.1. Les fourmis & les mouches sont moins esloignees de nostre nature que nous ne sommes esloignez de la Republique des Bien-heureux.

Censure.

Ergo, ces bestes peuuent estre hommes puis que nous pouuons estre bien-heureux, & il est impossible à la toute puissance Diuine de faire que la nature humaine soit bien-heureuse, puis qu'il est impossible de faire que les fourmis soient hommes.

Response.

Il y a de la calomnie, ou de l'humeur melancholique en l'esprit du Censeur, car il corrompt miserablement ma proposition: Ie dis en termes exprez, que les fourmis sont plus esloignees de nostre nature que nous ne sommes de la nature Diuine, il n'est pas icy question de la felicité des bien heureux: mais de la nature Diuine: & il est veritable qu'elles sont moins esloignees de nostre nature, que nous de la nature Diuine, pour ce que du Createur à la creature il n'y a point de comparaison, & si a bien de creature à creature, comme de la fourmis à l'homme.

XXXI. Propoſition.

Pag.184. La ſageſſe du Createur pour ne manquer aux neceſſitez publiques deſtine certains hommes, comme victimes aux dangers.

Cenſure.

Ergo, la ſageſſe Diuine retient de la cruauté, & affoiblit le liberal arbitre de ſes predeſtinez.

Reſponſe.

Il y a de la malice dans cette conſequence, car il n'eſt pas icy queſtion de la predeſtination, ny du ſalut des hommes, mais des dangers de la vie humaine & des inclinations que Dieu a donné à certains hommes pour s'expoſer au dangers, affin d'auoir les metaux qui nous ſont neceſſaires, & les perles dans le fons des abyſmes.

Nihil eſt audere relictum:
Quæſtus naufragio petitur, corpuſque profundo
Immiſſum, pariter CVM *prædâ exquiritur ipſa.*

Car c'eſt ainſi qu'il faut lire dans le cinquieſme liure de Manile, non pas, QVAM *præda exquiritur ipſa*, comme on auoit leu iuſques à maintenant, voire dans les exemplaires de Ioseph de l'Escale, puis il adiouste.

Votum est
Illis in ponto, iucundum est quærere pōtum,
Corpora qui mergunt vndis, ipsumque sub antris
Nerea, & æquoreas conantur visere Nymphas,
Exportantque maris prædas, & rapta profundo
Naufragia, atque imas auidi scrutantur arenas.

En tous ces discours il n'est pas question de la predestination, mais du courage que Dieu donne par sa sagesse à certains hommes determinez, de mespriser la mort pour le bien du public, & pour les commoditez generales.

XXXII, *Proposition.*

Pag. 184. Les grands exemples ont tousiours quelque ombre d'iniustice.

Censure.

Ergo, Dieu est iniuste en ses iugemens, & cette proposition est scandaleuse.

Response.

Ie ne sçay où a vescu le Censeur iusques à maintenant, puis qu'il fait semblant de n'auoir iamais oüy cette parolle si triuiale.

Magnum exemplum aliquid habet de iniusto. Quand Dieu fait de grands exemples de iustice vindicatiue, comme il fit au deluge & en la ville de Sodome, il y eut vne infinité d'enfans innocens enueloppez dans les ruines : non qu'il ne fust tres-iuste en soy, mais suiuant l'erreur de nos imaginations il y auoit quelque ombre d'iniustice, & quand toute vne armee ou toute vne ville est chastiee pour la rebellion de trois ou quatre qui se seront sousleuez contre leur Prince, on dit qu'il y a quelque ombre d'iniustice aucunement necessaire.

XXXIXI. Proposition.

Pag. 30. Le tres-mauuais en l'autre monde est la priuation de Dieu.

Censure.

Ergo, le peché n'est pas si mauuais que la priuation de Dieu.

Response.

Le Censeur dit vray, la priuation eternelle de Dieu est opposee à Dieu mesme, comme il n'y a rien de meilleur que Dieu, aussi n'y a t'il rien de si meschant que sa priuation eternelle : & le peché est meschant principallement à cause qu'il mene à la priuation de Dieu.

XXXIV. *Propoſition.*

Pag.30. La priuation de Dieu n'eſt rien que la conſommation de l'Atheiſme.

Cenſure.

Ergo, les petits enfans damnez deuant le Bapteſme auoient eſté Atheiſtes, ce qui eſt tres faux & contre le ſentiment de toute l'Egliſe.

Reſponſe.

La conſequence eſt inepte, car ie dis ſeulement & monſtre par tout mon diſcours, que ceux qui auoient eſté Atheiſtes en ce monde, le ſont parfaictement dans les Enfers, ſuiuant les aduertiſſemens du malheureux Phlegyas au ſixieſme de l'Æneide.

Phlegyaſque miſerrimus omnes
Admonet & magna teſtatur voce per vmbras
Diſcite iuſtitiam moniti, & non temnere Diuos.

Il n'eſt queſtion, ny des enfans decedez ſans Bapteſme, ny des demons, mais de ceux qui durãt leur vie auoient eſté Atheiſtes, & par conſequent toutes les conſequences du Cenſeur ſont ridicules & malicieuſes.

XXXV. *Propoſition.*

Pag.115. Les bien-heureux n'ont point

autre certitude ſpecifique par leur viſion beatifique, que celle que nous auons icy bas par la foy.

Cenſure.

Ergo, la viſion & la foy ſont de meſme eſpece.

Reſponſe.

Toute cette propoſition a eſté inuentee par le Cenſeur, ie ne dis rien moins que cela, il ſe forge dans ſa teſte des chimeres pour les combatre.

XXXVI. Propoſition.

Pag. 265. Si vn homme eſt ſage à ſoixante ans, il n'en ſera pas pire ny moins ſage en Paradis.

Cenſure.

Ergo, le ſage viuant au delà de ſoixante ans, ne peut augmenter en ſageſſe, ny en grace qui eſt vne grande erreur.

Reſponſe.

Il faut que le Cenſeur euſt vn grand eſblouyſſement de ceruelle quand il eſcriuoit ces parolles: Mon diſcours eſt tel contre ceux qui diſent qu'vn homme ſage deuoit eſtre immortel, & que c'eſt en cela que Dieu a manqué de ſageſſe: car ie dis, ſi vn homme eſt ſage quand il meurt à ſoixante ans, il ne ſera pas moins ſage en Paradis, & par cõsequant il fait vn bel acquest en mourant, d'autant qu'il est transferé d'vn estat mortel à vn estat incorruptible: que si vn homme n'est pas sage quand il meurt, il n'a que trop vescu, &c. delà le Censeur tire vne consequence resueuse semblable à celle des Iuifs dans S. Iean chap. 8. *Il n'a que trop vescu*, Ergo, *il faut qu'il se desespere*, Ergo, *il se doit pendre*, Ergo, *Dieu a tort de luy prolonger la vie.* Ces consequences ont plus besoing d'vne purgation que d'vne solide response. Celse respondra pour moy au liure troisiesme chap. 18. ie conseille au Censeur de le consulter pour prendre ses remedes.

XXXVII. *Proposition.*

Pag. 56. La iustice Diuine ne peut luy pardonner ce sacrilege, dautant qu'il y a trop d'impudence.

Censure.

Ergo, Dieu a de l'impuissance à pardonner les pechez.

Response.

Il faut remarquer qu'il y a de la malice affectee & aucunement industrieuse dans l'esprit du Censeur, quoy que iusques icy il n'ait pas monstré grande industrie, ny pointe d'esprit en ses Refutations: d'vn

preter

preterit il fait vn preſent, & par vn biayſement deſloyal, d'vne action particuliere il fait vne conſequence generalle. Il s'agit de ce larron ſacrilege qui deroba le Temple des Dieux ſur l'Autel meſme: l'Apologue en eſt deſcrit au long dans le quatrieſme de Phœdrus.

Lucernam fur accendit ex arâ Iouis
Ipſumque compilauit ad lumen ſuum
Onuſtus qui ſacrilegio cùm diſcederet
Repente vocem ſancta miſit Religio.

Ie dis doncques que la Iuſtice Diuine NE PVST luy pardonner *Non potuit*, & le Cenſeur faiſant de là vne propoſition generale s'imagine que ie dis par Theſe vniuerſelle, que le ſacrilege & l'impudence ſont des pechez impardonnables, & qu'il y a de l'impuiſſance en Dieu touchant le pardon des iniures. Mon diſcours porte que ceſte impudence particuliere ne pouuoit eſtre pardonnee; cela s'entend par la puiſſance ordinaire & parlant moralemēt, comme quand il eſt dit de Ieſus-Chriſt dans S. Marc 7. ver. 24. NON POTVIT LATERE. Il y a des pechez impardonnables en ce monde & en l'autre, & ſi pourtant on ne dira pas ſagement, Ergo, il y a de l'impuiſſance en Dieu pour le pardon des iniures. En vn mot ie parle de la puiſſance morale, & le Cenſeur parle de la puiſſance phyſique.

XXXVIII. Propoſion.

Pag. 419. Quand vn pauure eſprit trauaille beaucoup pour ne rien faire qui vaille, affin que ſes trauaux ne demeurēt ſans recompenſe, Dieu luy donne vne ſatisfaction perſonnelle.

Cenſure.

Ergo, Dieu eſt autheur d'vne fauſſe opinion, vaine & preſomptueuſe, & par conſequent du peché qui eſt en cette vanité, &c.

Reſponſe.

Ie crains qu'il n'y ait icy quelque Secret: Ne ſeroit-ce point que ce Cenſeur auroit mis au iour quelques Eſcrits qui n'ont dōné du contentemēt qu'à luy ſeul, prenant des Galetas pour des Bibliotheques, & des ſouris pour des hōmes ſçauans? car il s'acharne ſur cette verité par cinq ou ſix cōſequēces bilieuſes, comme ſi i'auois fait vne hereſie. Ie crains qu'il ne ſoit de ceux qui embraſſent les ſinges de leur eſprit, comme ſi c'eſtoient des Ganymedes. *Quiſquis amat ranam, ranam putat eſſe Dianam.*

XXXIX. *Proposition.*

Pag.419. Dieu recompense le chant des grenoüilles par sa iustice, leur donnant vne satisfaction en iceluy.

Censure.

Ergo, Dieu exerce la iustice commutatiue sur les grenoüilles. Ergo, les grenoüilles sont capables de meriter & demeriter. Ergo, capables de peine & de recompense.

Response.

Les consequences sont ineptes: car c'est comme si ie disois: Dieu donne du plaisir & du contentement aux cheuaux en leur boire & en leur manger. Ergo, les cheuaux sont capables de meriter & demeriter, d'estre punis & recompensez, &c. *Vox ista iumenti non hominis*, dit S. Augustin escriuant sur le Pseaume 33.

XL. *Proposition.*

Pag.406. Adam, auquel Dieu auoit communiqué vne parfaicte connoissance de tous ses desseins.

Censure.

Ergo, Iesus-Christ n'a pas dit vray, *de die autem illa, nemo scit neque Angeli, neque filius, nisi solus pater*, si Dieu auoit communiqué à Adam la cognoissance du iour du Iugement.

Responſe.

Le Cenſeur qui fait du Philoſophe, pouuoit apprendre que ie parle *in ſubiectâ materiâ*, Dieu auoit communiqué à Adam tous ſes deſſeins pour le gouuernement du monde: il n'eſt pas icy queſtion des Myſteres de la Religion: Si ie voulois faire du Sophiſte, ie pourrois dire le meſme de Ieſus-Chriſt & mettre mon Cenſeur en belle peine, car Ieſus-Chriſt a dit en S. Iean cha. 15. v. 15. *Vos autem dixi amicos, quia* OMNIA *quæcumque audiui à patre meo nota faci vobis*: car mon Cenſeur diroit. Ergo, Ieſus-Chriſt n'a pas dit vray, *de die autem illa nemo ſcit*: car puis qu'il a communiqué la ſcience de TOVTES choſes à ſes Apoſtres. Ergo, il leur a communiqué celle du dernier iugement.

XLI. Propoſition.

Pag. 402. Theodore de Mopſueſte & les Monothelites ſe ſont imaginez que comme la ſubſtance du Verbe, &c.

Cenſure.

Ergo Theodore de Mopſueſte eſtoit Monothelite, & cependant il fut condamné au cinquieſme Concile general, long temps auant qu'il y euſt de Monothelites.

Responſe.

Conſequence tres-inepte: car c'eſt comme ſi ie diſois, Berengarius & les Caluiniſtes ſe ſont imaginez qu'il n'y auoit que la figure du Corps au Sacrement. Ergo, Berengarius eſtoit Caluiniſte.

XLII. Propoſition.

Pag. 402. C'eſt la meſme action tres ſimple du Createur & de la Creature, pour ce qu'ils agiſſent auec vne tres-grande vnion, ou pluſtoſt auec vne tres-grande vnité.

Cenſure.

Ergo, il ne ſe peut trouuer vne plus grãde vnité, ny entre l'accident & le ſuiet, ny entre deux ſubſtances incompletes, ny entre le Verbe & l'humanité de Ieſus-Ch.

Responſe.

Ces Conſequences ſont trop rigoureuſes & aucunement ineptes: car c'eſt comme ſi ie diſois S. Auguſtin eſtoit tres ſçauant. Ergo, il n'y peut auoir vne plus grande ſcience au monde, ny meſmes en Ieſus-Chriſt. Au reſte quand i'ay dit que la creature & le Createur operent *per modũ vnius*, & font comme vne troiſieſme eſſence, cela s'entend *in ordine ad actionem*, & non pas ſimplement, comme le Cenſeur ſe l'imagine, autrement les neuf conſequences qu'il porte contre moy sont du tout friuoles.

XLIII. Proposition.

Pag. 433. Ce n'est pas l'inclination naturelle de Dieu de faire iustice.

Censure.

Ergo, la Iustice est moins naturelle à Dieu que ses autres Attributs.

Response.

Le Censeur corrompt ma proposition à son ordinaire, car ie ne dis pas simplement la Iustice, mais la Iustice vengeresse, & ie le rapporte d'Isaie chap. 1.

XLIV. Proposition.

Pag. 437. C'est Dieu seul qui peut attacher le Diable dans vn desert à vn pied de roseau.

Censure.

Ergo, les bons Anges ne sont pas plus forts que tous les les Diables.

Response.

La consequence est nulle: Il est vray que les bons Anges attachent les Diables dans le desert: mais c'est par la force que Dieu leur a communiquee, & par consequent c'est Dieu seul originairement qui les peut attacher, car quand il les fait attacher par les Anges, c'est luy qui les attache. *Qui per alium facit*, &c.

Pap.184. Ces inclinations temeraires ne prouiennent, ny d'eux, ny de leurs parens: mais de la ſageſſe du Createur.

Cenſure.

Ergo, il y a de la temerité en Dieu: Ergo, il eſt cauſe de toutes les actiōs temeraires.

Reſponſe.

Cet homme fait comme Heliogabale, cinq ou ſix ſeruices d'vn meſme plat: car il a rapporté cy-deuant cette propoſition, & i'ay dit qu'il n'eſt pas icy queſtion des inclinations qui vont au ſalut ou à la predeſtination, mais à la recherche des metaux, & des perles, & ces inclinations ſont temeraires à noſtre aduis & ſuiuant noſtre façon de parler, d'autant qu'il y a de la temerité, en l'opinion de ceux qui ne ſçauent que c'eſt de s'abyſmer dans les ondes, comme font les vrinateurs, mais en effect à ceux qui en ſçauent le meſtier, elles ne ſont pas temeraires.

XLVI. Propoſition.

Pag.309. C'eſt par l'aſſiſtance de la bonté Diuine qu'ils eſcriuent malicieuſement, & qu'ils blaſphement contre elle.

Cenſure.

Ergo, la bonté Diuine coopere à la malice & aux blaſphemes, ce qui eſt blaſphematoire.

Responſe.

Ceſt homme n'entend pas les principes de la Theologie, par leſquels les apprentifs diſtinguent, *inter materiale & formale peccati*: Le materiel du peché eſt l'actiõ par laquelle le peché ſe commet: & c'eſt à celuy-là que Dieu contribuë, car il aſſiſte le meurtrier à remuër l'eſpee & la langue du blaſphemateur à prononcer les blaſphemes, le formel du peché, c'eſt la malice à laquelle Dieu ne contribuë choſe quelconque que ſa pure permiſſion.

XLVII. Propoſition.

Pag. 134. Les inclinations naturelles que nous portons aux vacations par nous volontairement embraſſees, ſont ſi fortes que rien ne les peut forcer que Dieu ſeul.

Cenſure.

Ergo, l'homme eſt reduit à la condition de beſte. Ergo, il perd la liberté. Ergo nous ne pouuons nous empeſcher de faire du mal. Ergo, Dieu nous force au mal.

Responſe.

Ces conſequences ont plus beſoing de riſee que de reſponſe.

XLVIII. Propoſition.

Pag. 291. Les Diables n'ont pas moins de peine auiourd'huy, qu'ils en auoient il y a milleans, à cauſe qu'ils n'ont pas moins de malice.

Cenſure.

Ergo, en leur damnation ils peuuent faire du bien & quitter leur malice. Ergo, ils peuuent eſtre aſſiſtez de la grace de Dieu. Ergo, ils ne ſont pas encores damnez, mais en la voye.

Reſponſe.

Ie ne ſçay ſi cet homme a pris à taſche de ſe faire mocquer de ſoy par l'ineptie de ſes conſequences : Car c'eſt comme ſi ie diſois, les bons Anges n'ont pas moins de gloire maintenant, qu'ils auoient il y a ſix mil ans. Ergo, ils ne ſont pas encores bienheureux, ny glorieux : mais ils ſont en la voye de l'eſtre.

XLIX. Propoſition.

Pag. 145. Les Theologiens ſont contraints de laſcher la bride au menſonge.

Cenſure.

Ergo, on ne peut Theologiſer, ny cognoiſtre Dieu que par le menſonge. Ergo, la Theologie oblige à mentir.

Reſponſe.

Ie ne vis iamais homme plus malheureux en conſequences. Il ſeroit bien malaiſé à vn homme d'eſprit d'en faire de ſi mauuaiſes, quand il s'y voudroit eſtudier. Il y a double menſonge, formel & materiel; le menſonge materiel ſe prattique iournellement en Philoſophie, & en toutes les ſciences, auſquelles on fait des ſuppoſitions imaginaires, & des diuiſions impoſſibles : mais dire par conſequence, Ergo, on ne peut cognoiſtre Dieu que par le menſonge. C'eſt ceſte conſequence qui me ſemble fort mal tiree.

L. Propoſition.

Pag.33. L'amitié n'eſt pas vne vertu, c'eſt vn reſultat des vertus.

Cenſure.

Ergo, Ariſtote & S. Thomas ſe ſont trõpez, qui enſeignent que l'amitié eſt vne noble vertu morale.

Reſponſe.

Cet homme qui fait l'entendu en la lecture d'Ariſtote & de S. Thomas, ne pouuoit trouuer expedient plus propre pour ſe faire moquer de ſoy : car Ariſtote enſeigne le contraire. 8. *Ethic. cap.* 15. & S. Thomas 2. 2. *queſt.* 23. *Art.* 3. *in Corp.* Apres auoir debattu l'affaire fort doctement, conclud en fin par ces mots. *Vnde Amicitia virtuoſa magis eſt aliquid conſequens ad virtutem, quam ipſa virtus*, Qui n'eſt autre choſe que le ſens de ma propoſition.

LI. Propoſition.

Pag. 37. Il n'y a bon eſprit qui n'adore Dieu.

Cenſure.

Ergo, les Diables qui ont fort bon eſprit, adorent Dieu. Ergo, S. Paul n'a pas dit vray, quand il a dit que *Non tanquam Deum glorificauerunt*.

Reſponſe.

Le Cenſeur deguiſe ma propoſition: car mon diſcours monſtre euidemment que ie ne parle ny des Diables, ny des anciens Philoſophes, mais des hommes de preſent, & de ceux qui de noſtre aage ſont recognus pour auoir fort bon eſprit.

LII. Propoſition.

Pag. 406. Le gouuernement du monde auoit eſté eſté commis à Adam.

Cenſure.

Ergo, cet Autheur a quelque reuelation particuliere, que le gouuernement du monde fut commis à Adam: mais ou eſt tout cela?

Reſponſe.

Il eſt dans la Geneſe, de laquelle i'ay appris ceſte reuelation: car il eſt eſcrit au cha. 2. que Dieu luy dit. *Replete terrā & SVBIICI-*

TE *eam, & dominamini piſcibus maris & volatilibus cœli & uniuerſis animantibus quæ mouentur ſuper terram.*

LIII. Propoſition.

Pag.517. Si les Anges gardiens des Iaponois euſſent peu rendre la vie à S. François Xauier, ils l'euſſent fait.

Cenſure.

Ergo, ſi les Anges pouuoient ils feroient beaucoup de choſes contre l'ordre de la prouidence Diuine, Ergo, ils portoient enuie au bon-heur de S. François, &c.

Reſponſe.

Toutes ces conſequences ſont nulles, car ie dis qu'ils luy rendroient la vie pour le bien de ces pauures ames, & ſubordonnément à la volonté de Dieu : c'eſt ceſte conſequence qu'il faut tirer de la ſuitte de mon diſcours.

LIIII. Propoſition.

Pag.649. Quand la perſonalité de l'homme a eſté comme entee & miſe à cheual ſur la perſonalité du Verbe.

Cenſure.

Ceſte façon de parler reſſent le Neſtorianiſme.

Reſponſe.

I'ay monſtré fort amplement en la pa-

,e 635. que la perſonalité de l'homme a eſté aneantie & engloutie par la perſonalité du Verbe : & par ceſte comparaiſon des entes, mon intention eſt de faire voir qu'il n'y a qu'vne perſonalité apres l'vnion hypoſtatique, & ie le dis tres-clairement en tout mon diſcours, mais de peur de dõner du ſcandale aux ames foibles, ou de l'accroche aux eſprits rencheris, i'ay faict corriger l'Imprimé, & au lieu de PERSONALITÉ, i'ay fait mettre la SVBSTANCE, en ceſte ſorte. *Quand la ſubſtance de l'homme a eſté comme entee & miſe à cheual ſur la perſonalité du Verbe, &c.* C'eſt ainſi qu'il ſe lit en tous les exemplaires qui ſe debitent maintenant.

LV. Propoſition.

Pag. 472. Touchant le nombre, l'ordre, l'egalité, la dependance des perſonnes.

Cenſure.

Ceſte façon de parler reſſent l'Arianiſme.

Reſponſe.

C'eſt euidemment vne faute de l'Imprimeur, qui a fait vne contradiction en deux paroles, car l'egalité & la dependance ſont deux choſes cõtradictoires. Il faut lire L'INDEPENDANCE, & c'eſt ainſi que ie l'ay corrigé dans les exemplaires.

CONCLVSION.

Ie ne me fusse point remué pour ces Censures, si les Autheurs ne m'eussent accusé que d'ignorance, mais quand ils ont passé plus auant, me deferant à la sacree Faculté, comme corrupteur de l'Escriture, & quand ils ont semé par leurs Libelles que ma Somme de Theologie est pleine de propositions dangereuses, i'ay veu que leurs accusations ne s'arrestoient pas sur ma personne, mais portoient leur venin iusques sur la chaire de verité, ce qui m'a forcé de rompre la resolution de mon silence, pour leur dire auec le Maistre que ie sers, escriuant & preschant sa parole. *Ego dæmonium non habeo, sed honorifico patrem meum & vos inhonorastis me*. Ioan. 8.

De tous les papiers qui m'ont esté communiquez, hormis vn feuillet imprimé que ie n'ay pas voulu voir, ie tire deux consequences, qui sont en meillenre forme que celles de mes Aristarques. La premiere est touchant le nombre de ceux qui prenent vne si mauuaise occupation: car la diuersité du style me fait dire que ces Notes coulent de diuerses venes : on m'asseure qu'ils sont douze ou quinze à fournir les materiaux de ceste Babel mysterieuse:

mais i'espere que Dieu confondra leurs desseins, & leur fera voir que, *Gens absque consilio est & sine prudentiâ. Deuteron.* 32. Leurs Tomes pretendus auront cet honneur d'estre semblables aux enfans exposez, ils seront πολυπάτορες ἢ ἀπάτορες, ils n'auront point de pere à force d'en auoir trop; Ils semblent ces animaux, desquels il est dit, *Venenum mutuâ saliuatione affricant sibi.* Et celuy qui porte la parole pour tous aura grand honneur en son fait.

Aut mulos aget, aut mannos Mixtosq; iugabit
SEMINE *quadrupedes.*

L'autre illation que ie tire des antecedens biaysez, & des plates consequences de mon Cẽseur, c'est qu'il a quatre qualitez pour lesquelles ie luy porteray tousiours plus de compassiõ que d'enuie, comme de son costé il me portera tousiours plus d'enuie que de compassion: La premiere qualité que ie marque en ses Escrits est vne humeur bien noire & melancholique, qui luy porte deuãt les yeux des visions plus creuses que des abysmes. La seconde, est faute d'occupation, & vne feneantise hargneuse qui tient son esprit au ronge pour esgratigner tous les liures qui sortent au iour. La troisiesme, est vne grande ignorance en Theologie : Pour estre estimé Theologien il ne suffit pas d'auoir estudié vn an la Theologie à bastons rompus, comme a fait le Censeur de ma Somme;il faut auoir aualé cinq ou six ans la poussiere des Escholes. La quatriesme est vne conscience bien erronnee, par laquelle il pense faire vn sacrifice à Dieu d'improuuer toutes choses. C'est la maladie d'esprit qui tenoit Mamercus, & c'est le miroüer que ie luy donne pour considerer ses humeurs.

Vt bene loquatur sentiatq; Mamercus
Efficere nullis Aule moribus possis
Pietate fratres Curios licèt vincas.
Quiete Neruas, comitate Rusones,
Probitate Marcos, æquitate Mauricos
Oratione Regulos, jocis Paulos.
Rubiginosis cuncta dentibus rodit:
Hominem malignum forsan esse tu credas:
Ego esse MISERVM *credo, cui* PLACET
NEMO.

Mart. lib. 5. Epig. 29.

www.ingramcontent.com/pod-product-compliance
Ingram Content Group UK Ltd.
Pitfield, Milton Keynes, MK11 3LW, UK
UKHW021822190726
13853UKWH00003B/1127

9 782329 588407